인생 2막,
부동산으로 홀로서기

전세보증금 4,000만 원에서 95억 원 건물 매도까지

인생 2막, 부동산으로 홀로서기

— 조율 지음 —

두드림미디어

인생사는 고해(苦海)라고 합니다. 고통의 바다라는 뜻입니다. 하지만 필자는 고해의 '고'가 고통스럽고, 괴롭다는 뜻이 아니라고 생각합니다. 인생은 불안하고 외로운 것이지요. 그래서, 인생은 외로울 고(孤)를 써서, 외로운 바다인 고해(孤海)가 아닐까 생각합니다.

인생 자체가 생로병사로 일관되게 관통하는 근본에 고통 고(苦)가 있다고 하나, 인간이란 혼자서 살아갈 수 없는 불완전하고 불안한 존재입니다. 그렇기에 죽어서 완전히 소멸할 때까지도 깨달음을 얻지 않는 한 무리 지어 사는 중생으로 살아갈 수밖에 없습니다.

그러나 깨달음을 얻은 자는 고통 고(苦)하지도, 외로울 고(孤)하지도 않습니다. 인간이란, 그 존재성의 기본 바탕을 이루는 미성숙함, 불완전함, 불안함으로 인해 항상 내일을 처음 접하는 신입생입니다. 그렇기에 외로움과 불안함으로 이루어져 있는 인간은 세상을 꿰뚫어 보는 눈을 가지지 않으면 죽을 때까지 무리 지어 다니는 중생(깨우치지 못한 인간)으로 생을 마감할 수밖에 없습니다. 자식들 역시도 대를 이어 중생으로서 삶을 이어나가게 됩니다.

사람이란 존재 자체가 오늘을 살면서 한 번도 내일을 살아본 적이 없는 불완전한 존재가 아닐까요?

우리는 왜 초중고와 대학까지 공부하고 사회에 나와서도 끊임없이 공부하고 시험을 치러야 할까요? 시험의 당락보다 그 시험을 치는 과정에서 불안하고 외로운 인간의 존재에 대한 깊은 성찰을 통해 깨달음을 얻는 것이 중요하지 않을까요? 필자가 생각하는 시험은 자신의 인생길에서 한 번도 가본 적이 없었던 길을 만드는 과정이라고 생각합니다.

사실 필자는 2008년 지방에서 근무하던 시절, 오로지 승진과 출세에만 매달리던 직장생활에 대한 미련을 내려놓았습니다. 겉으로는 태연히 직장생활에 몰두했지만, 사무실 컴퓨터에 사직서를 몇 번이나 써서 출력하고, 또 찢었습니다. 그러나 처자식을 보며 매달 받는 월급에 대한 미련으로 바깥으로 나갈 준비도, 사표를 낼 용기도 없었습니다.

일단 사법시험 1차 합격 이후 사표를 내기로 하고, 대학 졸업 후 나이 마흔이 넘어 덮어두었던 민법 책을 꺼내면서, 필자는 부동산에 대해 눈을 뜨기 시작했습니다. 그것은 바로 대한민국 민법, 물권법과 채권법이 모두 부동산이 물권화, 채권화된 것이라는 것을 뒤늦게 알아차렸고, 인생이란 혼자 가는 외로울 고(孤)의 여정이라는 깨달음의 순간을 맞이했습니다. 인생은 반드시 외로움 속에서 홀로서기 해야 한다는 것을, 누구에게도 기대지도, 기대하지도 말아야 한다는 것을요.

시험 합격보다 더 중요한 깨달음이었습니다. 2008년, 주식형 펀드 광풍으로 시끌벅적하던 언론과 보험증권사에 근무하던 친구 말에 휩쓸려 멋모르고 가입한 중국 펀드로 큰돈을 잃었습니다. 그러나 주식형 펀드로 잃은 돈은 부동산을 매도해서 손실을 만회하며, 서울로 다시 올라왔습니다.

30년에 가깝게 공무원으로 재직하며, 억울하고 안타까운 사연을 많이 접했습니다. 드라마에서 회자되던 회사는 전쟁터지만, 바깥세상은 지옥이라고, 꼬박꼬박 월급을 주는 직장생활이 좋은 것이 아니냐고 자위했습니다. 그러나 바깥세상이 지옥이나 전쟁터인 것이 아닌, 내 마음이 지옥이고, 전쟁터였다는 것을 마음을 내려놓고 난 뒤에야 비로소 알아차렸습니다.

인생사의 모든 괴로움의 원인의 근본을 찾아 들어가다 보면, 무명(無明)이 있습니다. 즉, 깨우치고, 알아차리지 못한 무지가 괴로움의 근본 원인입니다.

그러면 어떻게 해야 인생길에서 조금 더 나은 편안한 삶을 살 수 있을까요? 그것은 무명을 벗어나서, 깨우치고 알아차리는 것입니다. 돈과 인간관계에 일어나는 괴로움을 어떻게 하면 덜어내고 행복한 인생을 살 수 있을지는 우리가 인생을 살아가면서 늘 마주할 수밖에 없는 고민거리입니다.

필자가 내린 결론은 부동산을 알아야 돈으로부터 일어나는 괴로움을 알아차리고 자유로울 수 있다는 것입니다. 대한민국 자본주의 사회의 일원으로 살기 위해서는 이제는 부동산을 모르고서는 돈에서 절대 자유로울 수 없습니다. 현대 자본주의 사회를 살아가는 대한민국 사람이 부동산을 모른다는 것은 문맹인과 다름이 없습니다.

반드시 부동산 공부를 해야 합니다. 부동산 공부를 해서 세상을 알지 못하면, 사는 동안 내내 고달프고 괴로울 수밖에 없습니다. 부동산을 알아야 세상을 알고, 세상을 알아야 인생을 잘 살 수 있습니다.

부동산 공부를 해야 돈(자본)을 알고, 돈(자본)을 가져봐야 세상을 알 수 있습니다. 그렇게 세상을 관조하며 내려다보고, 관찰할 수 있을 때, 인간관계에 일어나는 괴로움도 미리 알아차리고, 그 원인을 제거하고, 피할 수 있습니다.

결국 인생 최고의 가치는 바로 자유입니다. 돈과 인간관계에서 자유로운 인생. 냉정한 세상에서 거침없이 당당하게 살아가는 것. 누구에게도 속박받지 않고, 자유롭게 사는 것이 최고의 인생입니다.

조율

CONTENTS

퇴직 전 공무원으로 본 세상과 인생 이야기

퇴직 후 공인중개사로 본 세상과 인생 이야기

PART 07

부동산 투자, 몇 가지 소고

PART 08

부동산 세금 관련 쟁점 6가지

PART
01

전세보증금 4,000만 원에서
95억 원 건물 매도까지

01

전세보증금 4,000만 원이 21년 후
건물 매도금 95억 원이 되다

지방에서 10년 공무원 생활을 하다가 서울로 전근을 신청했습니다. 2001년 1월, 영등포에 발령이 나서 서울살이를 시작하게 되었습니다. 영등포 당산동 다가구주택 1층, 전용 12평짜리를 얻었는데, 전세보증금이 4,000만 원이었습니다.

집을 알아보러 부동산 중개사무소를 찾아간 그날이 아직도 눈에 선합니다. 2001년 마지막 꽃샘추위로 눈이 펑펑 내리던 2월의 추운 겨울날 저녁, 아내가 이제 막 돌이 지난 첫째 딸을 포대기로 업고 근무지로 찾아왔습니다. 같이 무작정 부동산 중개사무소를 찾아다니다가 맨 처음 눈에 띈 중개사무소에서 두 번째로 본 집을 바로 계약했습니다. 빨간 벽돌집, 방 2개, 화장실 1개인 그 집의 전세보증금 4,000만 원은 당시 저의 전 재산이었습니다.

그곳에서 2년간 전세를 살다가 그 집 인근에 신축한 아파트형 다세대주택으로 이사했습니다. 지상 5층 건물에 15가구를 분양했습니다. 5층 이상으로 지어진 공동주택이니 아파트로 분류됩니다. 8,000만 원 대출을 받아 취등록세를 포함해서 총 1억 3,600만 원에 매수하게 되었습니다. 여의도 건너편이라 개그맨들이 많이 살았고, 당시 유명 개그맨도 저희 윗집에 살았습니다. 이후, 매수 5년 만인 2008년 6월에 첫 집을 2억 원에 매도한 후, 다시 무주택자가 되었습니다. 무주택자로 서울에서 근무지를 이동하며 지내던 중 2013년이 되었습니다.

2013년은 필자에게 의미가 있는 해입니다. 드디어 조세특례제한법상 양도세 비과세 아파트 관련 뉴스가 보도되었기 때문입니다. 마포 한강푸르지오와 송파 아파트 중 어디에 청약할 것인지 고민하다가 분양가가 5,000만 원이 저렴했던 송파 아파트를 선택했습니다. 송파 아파트의 총 6개 타입 중 가장 인기가 없어 경쟁률이 저조할 것으로 예상되는 타입으로 청약을 해서 가까스로 당첨되었습니다.

그리고 아내가 부동산 투자 학원에 다녀 경기도 아파트를 2016년 상반기까지 갭 투자로 4채를 매수했습니다. 아내가 2,000년부터 쇼핑몰을 운영해서 번 돈 6,000만 원이 종잣돈이 되었습니다. 경기도 고양시 일산, 김포 등에서 소액 갭 투자로 매수했습니다. 그때는 소액 갭 투자가 인기였습니다. 전세 세입자를 끼고 차액 1,000만 원으로 매수한 매물도 있습니다. 아파트 투자는 문재인 정부 들어서기 전에 실거주 목적으로 42평형 위례 아파트를 매수한 것이 마지막입니다.

청약 당첨된 송파 아파트는 방이 3개인 34평형 아파트였는데, 아이가 셋이라 방이 하나 모자라서, 방이 4개인 42평 위례 아파트를 매수하게 되었습니다. 송파 아파트는 근저당 3억 원 감액 변경조건으로 전세보증금 6억 원으로 전세를 주고, 남은 3억 원으로 위례 아파트를 매수한 것입니다. 이때 받은 은행 대출금은 6억 5,000만 원입니다. 취득세를 포함해 총 9억 3,000만 원에 매수했습니다. 뻔한 공무원 월급으로 대출을 6억 5,000만 원이나 받는 것은 아주 큰 모험이었습니다. 하지만 일을 하던 아내는 대출 6억 5,000만 원의 월 이자 200만 원은 본인이 갚아나가겠다며, 적극적으로 위례 아파트를 매수하자고 했습니다. 그때는 교통 여건이 열악했기 때문에 필자는 위례 아파트 매수를 엄청나게 반대했습니다. 그런데 아내는 주말마다 위례를 데려가서 아파트를 보여주었습니다. 대궐처럼 넓게 빠진 방이 4개인, 42평 위례 아파트에 푹 빠져 매수를 하지 않을 수 없는 상황이 되었습니다.

전 재산이 4,000만 원이었던 필자는 2013년에 조세특례제한법이 발효되어 청약 당첨된 송파 아파트를 시작으로, 아파트를 총 6채 매입하고 매도했습니다. 아파트 6채의 양도차익은 세후 14억 8,000만 원입니다. 이것을 발판으로 마포 상가주택(2016년 10월 소유권 이전)과 영등포 건물 3채(첫 건물 2018년 10월 매수 후 인근 필지 건물 2채를 2020년 1월과 2021년 7월에 순차적으로 매수)를 매수했습니다.

마포 상가주택을 2021년 10월에 14억 5,000만 원에 매도하고, 영등포 건물 3채는 2022년 1월에 동시 매매로 총 81억 원에 매도했습니다.

마포 상가주택과 영등포 건물을 합쳐 총매매가격은 95억 5,000만 원입니다. 마포 상가주택 양도차익 7억 원, 영등포 건물은 첫 건물 매수 후 3년 3개월 만에 양도차익 33억 원으로 합계 40억 원의 양도차익이 발생했습니다.

02

첫 건물을 매수하다
– 마포 상가주택 매수기

아파트에만 투자하다가 어떻게 마포의 상가주택을 매수하게 되었을까요? 필자가 건물에 관해 관심을 가지게 된 결정적인 계기는 2015년에 우연히 읽은 개업 공인중개사의 네이버 카페 '건물주 칼럼'을 통해서였습니다.

칼럼 제목은 '재무설계를 믿지 마라'였고, 재테크의 '정석'으로 알고 따라 한 재무설계사의 말은 한계가 있다는 내용입니다. 칼럼에 의하면, 재무설계사들의 재테크 조언은 적금, 보험, 펀드 상품을 팔기 위한 목적이 있는 것이고, 그들은 부자가 된 경험이나 노하우가 없기 때문에 다른 사람들에게 부자 되는 방법을 가르쳐줄 수 없다는 것입니다. 돈을 잃고 나서야 그 사실을 깨달았다는 내용입니다. 그래서 진짜 부자들이 했던 방법대로, 건물주가 되고 부자들처럼 월세를 받고 나서야 부자가 될 수 있었다며, 건물주가 되어 부자가 되라고 말했습니다.

2016년에 필자는 가지고 있던 종신보험과 연금주식형 펀드를 모두 해약했습니다. 2,000만 원 정도의 원금 손실을 보고, 조기 환급금 1억 2,000만 원을 손에 거머쥐게 되었습니다.

주말마다 네이버 부동산에 매물로 나온 마포구와 관악구의 상가주택, 원룸 건물을 6개월에 걸쳐 약 100여 채를 보러 다녔습니다. 지역 공인중개사에게 명함을 보내주고, 매물 지번을 받아서 혼자 다녔습니다. 올근생 건물을 매수하기에는 종잣돈이 너무 적어서 전세 레버리지를 일으킬 수 있는 원룸 건물과 상가주택을 매수하려고 했던 것입니다.

건물 100여 채를 보고 나니, 땅값과 건물가격이 한눈에 들어오고, 매수가격이 적정한지도 감이 오게 되었습니다. 시세차익과 월세를 양수겸장 하는 건물 투자에 눈을 뜨게 된 결정적 계기는 바로 앞서 소개한 '건물주 칼럼' 덕분이었습니다.

마포의 뜨는 곳이 아닌 가좌역세권 구축 상가주택 발견

100여 채의 건물을 보던 중에 발견한 상가주택은 마포의 인기지역에 있는 것이 아니라 가좌역세권에 있는 구축 상가주택이었습니다.

당시 거주하던 마포구 공덕동 주변, 홍대와 연남동 일대는 2015년부터 꼬마빌딩에 대한 붐이 일기 시작했습니다. 모두가 주목하던 인기지역인 홍대, 연남동 일대 건물을 보러 다녔는데, 2016년 경의선 숲길 조성이 완료되어 일대 매수세 폭증으로 매수가격이 치솟고 있었습니다.

연남동은 구축 단독 다가구 건물을 대수선, 리모델링해서 1층에 상가를 둔 상가주택으로 변신하는 중이었습니다. 도로에 4m만 접하면 2016년에 이미 평당 4,000만 원을 넘어가고 있었습니다.

필자가 찾는 매물은 6m 이상 도로를 접한 구축 건물이었습니다. 그러나 마포 홍대와 연남동 일대는 6m 이상 도로를 접한 건물을 찾아볼 수 없었고, 대로변 건물은 당시 자금으로는 엄두를 낼 수 없었습니다.

마포에서 찾아보던 매물을 찾지 못하던 중, 마포에 8년간 살면서도 한 번도 가보지 않았던 가좌역의 부동산 중개사무소를 들렀습니다. 거기서 6m 도로를 접한 역세권 대지면적 40평 상가주택을 발견했습니다. 1973년에 건축해서 준공한 지 40년이 넘은 상가주택이었습니다.

다음 페이지 평면도상 1번으로 표시한 곳이 매수한 상가주택 필지입니다. 1번 필지는 총 40평이고, 2번 필지는 53평입니다. 40평은 단독 개발할 수도 있고, 옆 필지 2번도 나중에 매수해서 합필 시 93평으로 같이 개발하는 것도 기대할 수 있었습니다. 2번도 1번과 비슷한 시기에 신축한 것이고, 건물 소유자의 연세가 많으셔서 곧 매물로 나올 것으로 예상되었습니다. 2번은 북향 대로변을 접하고 있어 필지를 합해서 신축하든지 개발할 수 있을 것으로 예상했습니다.

출처 : 밸류맵

건물 양면이 도로를 접하고 있는 코너 건물이 비싸다면 옆 건물을 매수하는 것이 차선이 될 수 있습니다. 1번, 2번 필지는 몇년 후, 빌라시행사에 한꺼번에 동시매도 되었습니다.

이 상가주택을 발견하고 분석한 지 1시간 만에 매수를 결정했습니다. 다음 날, 마포 상가주택을 평당 1,820만 원대에 총매매가격 7억 3,000만 원에 매매계약서를 작성했습니다.

1번 필지 매수 시 사진, 가좌역 초역세권의 6m 이상 도로를 접하는 건물

6m 도로

출처 : 저자 작성

1, 2번 필지를 합필해서 신축된 빌라의 모습

출처 : 저자 작성

03

아파트에서 본격적으로 건물로 갈아타기
- 영등포 건물 매수기

분양 아파트를 제외하고 2017년 상반기까지 갭 투자로 아파트 5채를 매수하고 나서, 결정적으로 올근생 건물에 투자한 계기가 있었습니다. 바로 양도세 중과정책 때문입니다.

2017년 8월 2일, 문재인 정부는 2018년 3월부터 다주택자의 양도세를 중과한다는 부동산 규제정책을 최초로 발표했습니다. 조정지역, 투기과열지역, 투기지역, 이 3가지로 묶어 투자를 규제한 서울에서 아파트를 매수하는 것은 의미가 없는 일이 되었습니다. 아무리 양도차익이 많이 나더라도 세금을 내고 나면 오히려 손해가 될 수 있었습니다. 2017년 3월에 매수한 위례 아파트를 거주 주택 비과세를 받기 위해서는 다른 아파트를 모두 매도해야 했습니다. 송파 아파트는 양도세 감면에다 주택 수까지 제외되었기에 송파 아파트는 제외했습니다.

이후, 양도세 중과 한시적 유예기간인 2018년 2월에 전세 4억 2,000만 원을 끼고 실투자금 5,000만 원에 매수한 마포 아파트(양도차익 1억 2,000만 원 발생. 세후 8,000만 원 수익)를 매도한 후, 당시 보유 현금 1억 3,000만 원으로 본격적으로 올근생 상업용 건물을 보러 다녔습니다.

영등포 건물 매수기

2017년, 아파트가격이 본격적으로 상승하고 주택규제로 인한 풍선효과로 올근생 건물가격이 폭등했습니다. 특히, 선호지역인 강남, 마포, 성수지역은 물건이 없어서 못 팔 지경이었습니다. 아파트는 매수자가 나타나면 호가 1억 원을 올렸고, 꼬마빌딩, 올근생 건물은 호가 2~3억 원을 올리는 일이 다반사였습니다.

2018년부터 강남은 이미 평당 1억 원을 넘보기 시작했고, 마포와 성수는 평당 6,000만 원을 넘어서고 있었습니다. 1억 3,000만 원의 현금을 가지고 마포와 강남 건물을 사는 것은 언감생심(焉敢生心), 꿈도 꾸지 못할 상황이었습니다.

그러던 중, 필자에게는 너무나 익숙한 영등포, 그것도 상업지역에 나온 자그마한 건물을 발견합니다. 당시, 호가는 평당 6,000만 원에 나온 매물이었고, 그때까지 봤던 강남과 마포, 성수에 나온 매물들과 비교하니 확실히 값이 싸다는 느낌을 받았습니다.

강남과 마포 성수지역 모두 주거지역 2종, 3종 일반주거지역이었기 때문입니다. 성수는 준공업지역(용적률 400%)이라고 하더라도, 영등포 역세권 상업지역(용적률 600%)이 평당 5,000만 원대에 머물러 있던 것은 아무리 생각해도 이해가 되지 않았습니다. 그러다가 다른 지역에 비해 영등포가 낙후된 이미지 등으로 사람들의 관심에서 소외되어 있었다는 것을 알아차렸습니다.

2종, 3종 일반주거지역은 용적률 200%, 250%의 근원적인 한계를 가지고 있는데도 주거지역인 마포와 준공업지역인 성수가 상업지역인 영등포보다 가격이 더 비쌌습니다. 즉, 영등포가 저평가된 바로 지금이 매수 타이밍이었습니다. 그러나 필자가 발견한 영등포 매물은 매수 후 인접 필지와 합필해서 동시 매도하거나 개발하지 않으면 매도가 어렵다는 판단하에 인근의 다른 매물을 매수하게 됩니다.

상업용 건물을 사는 것은 건물이 아니라 건물이 포장된 땅을 사는 것입니다. 땅은 용도지역이 뭐냐, 용적률이 얼마냐에 따라 가치가 결정됩니다. 신축 혹은 리모델링으로 구축 건물을 탈바꿈시키는 것도 용적률의 근원적인 한계가 있기에 임대료에 바탕을 둔 수익률에 따라 건물의 가치를 따질 수밖에 없습니다.

강남, 성수, 마포 홍대, 연남동 같이 모든 사람이 좋다고 하는 인기지역 건물만 좋은 것이 아닙니다. 신축 건물로 탈바꿈되는 즉시, 건물의 가치는 수익률에 따라 가격이 결정됩니다. 용적률이 얼마냐, 즉 한정된 땅 평수에 얼마나 높이 건물을 지어 올릴 수 있느냐 하는 용적률, 땅의 가치를 보고 건물을 매수해야 하기 때문입니다.

그때 필자는 현금 1억 2,500만 원을 투입해서 14억 3,000만 원(취득세 포함가)에 첫 건물을 매수했습니다. 건물을 매수할 때는 많은 사람들이 수익률을 따지고, 공실 여부와 이유를 묻습니다. 구분상가 수익률로 따지며 건물을 보는 것입니다. 하지만 지은 지 오래된 구축 건물은, 건물을 포장한 땅을 사는 것이지, 건물을 사는 것이 아닙니다.

30년 이상 된 구축 꼬마빌딩이나 근생 건물, 땅을 딛고 있는 상가주택은 땅을 보고 사는 것이지, 수익률을 보고 사는 것이 아닙니다. 30년 넘은 건물은 건물의 수명이 다했다고 봐야 합니다. 신축으로 탈바꿈 시 건폐율과 용적률을 다 찾은 건물 조감도로 상상의 나래를 펼 때 땅의 가치는 최고의 순간을 맞이하게 됩니다. 그리고 그 순간이 바로 건물을 파는 매도 타이밍이라고 생각합니다.

당시, 영등포 건물은 총 3필지를 통합해 개발하려는 디벨로퍼(부동산 개발 시행사)가 나타났습니다. 모두 평당 6,000만 원에 3필지 소유자를 상대로 매수 작업이 들어갔다는 것을 알게 되었습니다. 당시, 필자는 현금이 1억 3,000만 원밖에 없었기에 마음이 급해지기 시작했습니다. 그래서 투입 현금을 최소화해서 풀레버리지로 매수할 수밖에 없었습니다.

아파트 매수만 했지, 차익을 실현한 것은 마포 아파트를 매도해서 실현한 세후 순수익 8,000만 원뿐이었습니다. 투입한 5,000만 원으로 갭 투자한 마포 아파트를 매도해서 가진 돈 1억 3,000만 원이 가진 투자금의 전부였습니다. 2018년 10월 상업지역 상가주택 근생비율 80% 건물을 현금 1억 2,500만 원으로 매수했습니다. 토지 및 건물 감정평가액(건물감정가액은 5,800만 원)이 매매가격에 근접한 건물을 토지가격 평당 5,300만 원대에 현금 1억 2,500만 원으로 취득세 포함 14억 3,000만 원의 건물을 매수한 것입니다.

취득세 납부 후 2주 뒤 구청으로부터 주택 부분의 취득세 추가 납부된 1,000만 원을 환급받았습니다. 당시, 건물의 월 임대료는 주인세대 주택 제외 330만 원이었습니다. 당시 다주택자로 아파트 2채와 마포 상가주택을 모두 1세대 1주택 비과세를 받기 위해 매수 후, 즉시 주인세대 주택 부분은 근린생활시설(사무소)로 용도변경했습니다.

매수 시 대출 비율은 다음과 같습니다.

1. 1금융권 1순위 근저당대출 : 9억 9,000만 원
2. 보유한 아파트 공동담보 : 2억 5,000만 원
3. 임차인 보증금 승계 : 7,500만 원

취득세를 포함한 순수 현금은 1억 2,500만 원이 들어갔습니다. 공동담보로 잡힌 위례 아파트는 보유 1년 만에 KB시세가 3억 원이 올라서

2억 5,000만 원의 추가 대출이 가능하게 되었습니다. 영등포 첫 건물 매수는 후일 나머지 필지를 사는 데 밑바탕이 되어 인근 2필지를 사는 데 유리한 위치를 선점하게 됩니다. 따라서, 땅을 가진 건물은 투입되는 현금을 최소화하는 것이 매수 시 제1원칙입니다.

3년이 지나서 대환대출을 위해 2021년 탁상감정을 넣어보니 감정가액이 20억 원이 좀 못 미치는 19억 원대가 나왔습니다. 공동담보 대출 받은 2억 5,000만 원은 위례 아파트를 처분하며 모두 상환했습니다.

부동산 투자 기간 중, 특히 영등포 건물을 매수하면서 배운 점이 많습니다. 자금이 부족할 때는 보유한 부동산, 특히 아파트를 활용해서 공동담보 제공으로 풀레버리지(Full Leverage)로 매수해야 한다는 것을 알게 되었습니다. 옆 필지를 매수해서 합필한 후, 개발 가능한 대지면적을 확보할 수 있는지를 가늠해보는 눈도 키웠습니다.

합필해서 개발할 시행사에게 3필지 동시 매도

마포 상가주택은 최초 매수할 때에 옆 필지를 추가 매수해서 합필 후 건물을 지을 생각을 했습니다. 그러나 영등포 건물을 추가 매수해서 건물을 신축할 여력이 없었습니다. 필자가 강조하고 싶은 것은 부동산은 단독개발이 최선이라는 것입니다. 주거지역은 최소 90평, 상업지역은 60평의 토지면적이 확보되어야 합니다.

이는 건물 멸실 후 신축 시 규모의 경제, 즉 작은 땅보다는 면적이 큰 토지를 확보하는 것이 분양이나 임대 시 이윤을 극대화할 수 있다는 것과 밀접한 연관이 있습니다. 개발이익을 추구하고자 하는 것과도 깊은 상관관계가 있습니다. 주차대수 확보를 위한 기계식주차장을 넣을 수 있는 것도, 6m 이상 도로를 접한 대지일 경우입니다.

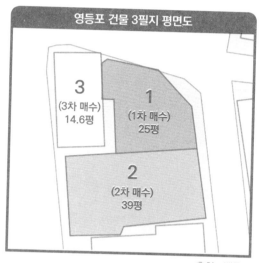

출처 : 밸류맵

영등포 건물 3필지의 평면도를 살펴보면, 25평을 1차 매수 후 순차적으로 39평, 14.6평을 매수했습니다.

1번 필지는 대지면적 25평으로 총매매가격은 13억 7,600만 원(취득세 포함가 14억 3,000만 원, 1,000만 원은 환급받음)이었습니다.

2번 필지는 대지면적 39평으로 총매매가격은 23억 2,000만 원(취득세 포함가 24억 원)이었습니다.

3번 필지는 대지면적 14.6평으로 총매매가격은 9억 3,000만 원(취득세 포함가 9억 8,000만 원)이었습니다.

매도 전 모습
(상업지역으로 1, 2, 3번 순차적으로 매수)

출처 : 저자 작성

멸실 후 11층으로 설계안

출처 : 보편적인 건축사 사무소

3개 필지를 모두 합한 대지면적은 총 78.6평이고, 총매수가격은 48억 원(취득세 포함가)입니다. 3개 필지 매입 평당가격(취득세 포함가)은 평당 6,100만 원입니다. 총매매가격 48억 원 중 순수 현금은 12억 5,000만 원이 투입되었고, 은행 대출은 34억 2,000만 원을 일으켜 소유권이전 등기 했습니다. 3필지 동시에 매도한 총매도가격은 81억 원, 양도차익은 33억 원으로 매도 평단가격은 평당 1억 300만 원입니다.

영등포는 상업지역 지구단위계획상 150㎡ 이상이 되어야 단독개발과 건축이 가능합니다. 단순히 1번 표시한 필지만 매수해서 가지고 있었다면, 단독개발이 불가능해서 개발업자가 나타날 때까지 기다렸어야 했을 것입니다.

04

작은 투자의 힘이 누적되어
비로소 부자가 된다

부동산 투자로 부를 얻게 되는 것은 결국 매수와 매도 타이밍으로 판가름이 납니다. 부동산 투자는 책으로 배워서 되는 것이 아닌, 반드시 경험으로 쌓아가야만 하는 실전입니다. 부동산 투자는 매수를 어떤 시기에 어떠한 가격에 매수했느냐가 최우선 전제가 되어야 합니다.

아파트를 사야 할 시기에는 아파트를 사야 하고, 건물을 사야 할 시기에는 건물을 사야 합니다. 아파트는 부동산 폭락과 침체기, 양도세 감면 아파트가 나오는 시기에 분양하는 아파트를 청약해서 당첨되는 것이 좋습니다.

부동산 침체기에 조세특례제한법상 양도세 감면 특례조항이 신설된 후 나오는 분양 아파트를 사는 것이 바로 최저가에 아파트를 매수하는 방법입니다. 무주택자는 양도세 감면 아파트가 나오는 시기, 즉 조세특례제한법에 따른 양도세 감면이나 주택 수 제외 특례조항이 신설되거나 추가되는 것을 놓치지 않아야 합니다. 이 시기에 아파트를 청약하기 위해 청약통장을 준비하고 때를 기다려야 합니다. 특례조항이 시행되면 청약경쟁률이 오르기 시작하고, 당첨되기 위해서는 가점이 많은 사람이 유리할 수밖에 없습니다.

그러면 어떤 시기에 어떤 건물을 사야 할까요? 아파트가 정체되고 금리가 오르며, 건물값이 조정되는 시기에 매수하는 것이 바람직합니다. 시기는 아파트를 매수하는 시기와 비슷하나, 모두가 쳐다보는 지역보다 소외된 지역, 아직 남들이 모르고 지나쳐가는 곳을 봐야 합니다.

마포 상가주택과 영등포 건물 모두 남들이 쳐다도 보지 않는 곳을 미리 가서 선점했기에 값싸게 건물을 매수할 수 있었습니다. 건물을 매수하는 것은 건물을 포장한 땅을 매수하는 것입니다. 반드시 6m 이상 도로를 접한 땅을 매수하고, 작은 땅이라도 옆 필지와 매수해서 개발 가능한 대지면적을 확보할 수 있을지를 가늠해봐야 합니다.

부동산 투자는 외롭고, 또 힘든 인내의 시간입니다. 부동산 투자로 부를 획득하고 부자가 되는 것은 어느 날 갑자기 이루어지는 것이 아닙니다. 자그마하지만 한 걸음, 한 걸음 투자한 힘이 모여서, 한꺼번에 폭발적으로 부의 상승이 이루어지는 것입니다.

왜 부동산을
알아야 하는가?

01

부동산을 알아야 법을 알고
법을 알아야 세상을 안다

2006년 승진했을 때, 서울과 가까운 근무지로 지원하려다가 연로하신 부친이 계시는 고향으로 지원했습니다. 대학 졸업 후 15년간 객지로 떠돌면서 늘 고향이 그리웠던 이유도 있었습니다. 그러나 다시 찾아간 고향은 어린 시절 고향이 아니었습니다. 학연과 지연으로 얽힌 고향은 잠시도 저를 가만히 두지 않았습니다. 잘 아는 사람들이 가장 시기하고 질투하며 성낸다는 것을 그제야 알았습니다. 부탁하는 것은 당연하고, 부탁을 안 들어주거나 원하는 대로 되지 않으면, 뒷말에 싹수없는 놈이라고 욕을 해댔습니다. 공무원은 절대 고향에서 근무하는 것이 아니라는 것을 왜 그때는 몰랐는지 참으로 어리석었다는 생각이 듭니다.

또한, 조직 내부의 갈등으로 빚어진 불미스러운 사건에 휘말리면서 그토록 승진에 목을 매고 출세하려고 했던 필자의 어리석음도 돌아봤습니다. 회의를 느껴 퇴사도 생각했지만, 처자식을 생각하니 차마 용기가 나지 않았습니다. 늘 사법시험에 대한 미련이 있었던 차에 사법시험 1차 합격 후 퇴사한다는 마음으로 대학 졸업 후 덮어두었던 민법 책을 다시 꺼냈습니다. 대한민국 민법이 부동산 관련 법이라는 것을 그제야 알아차렸습니다.

민사분쟁의 근본을 들여다보면 돈으로 시작되고, 대한민국 사람의 자산 대부분이 부동산입니다. 그러다 보니 민사분쟁의 법원 판례 90%는 부동산으로 시작하고, 결말 또한 부동산으로 맺어집니다. 즉, 부동산을 물권화한 것이 물권법, 물권화한 것을 다시 저당권 형태로 전환되어 채권화된 것이 채권법입니다. 민법은 민법 총칙, 물권법, 채권법으로 이루어져 있으니, 부동산 관련 법이라고 하지 않을 수가 없습니다. 그렇기에 이 민법을 모르면 손해 보는 일이 생길 수 있습니다. 인간 사회의 모든 행위에 근거하는 법을 모르고 산다는 것은 세상을 다 보지 않고 사는 것이나 마찬가지입니다.

사업도 마찬가지입니다. 사업을 하자면 본인이 하는 사업이 어떠한 법령에 적용되는지 우선 법을 알아야 할 것입니다. 많은 사람이 법률 분쟁이 생기면, 그제야 변호사를 선임해서 소송을 하게 되지만, 그때는 이미 시간과 비용이 들고 난 뒤입니다. 부동산을 알아야 법을 알고, 법을 알아야 세상을 알고, 세상을 알아야 돈을 벌 수 있습니다.

부동산은 곧 인생이다

우리는 인생을 살며 수많은 선택의 순간을 맞이합니다. 그중 가장 큰 선택의 순간이 부동산을 취득하는 것입니다. 그리고 또 한 번의 선택의 순간은 부동산을 매도하는 것입니다. 부동산은 대한민국 국민의 자산 중 대부분을 차지하고 있습니다. 게다가 의식주의 하나로 전세(월세)로 임차하든지, 매매로 취득하든지 반드시 선택해야 하는 필수재입니다.

우리는 살아가면서 수많은 선택을 하지만, 부동산은 선택하는 시기, 타이밍이 가장 중요합니다. 매수 타이밍을 잘 포착해야, 즉 값싸게 매수해야 부동산을 유지, 관리하기도 쉽고, 여유 있게 매도 타이밍도 볼 수 있는 눈을 가지게 됩니다.

가장 저렴한 가격, 그리고 최적기(주택취득 시 양도세 감면 특례조항 신설)에 부동산을 매수하는 것이 인생의 향방을 가릅니다.

이런데 부동산을 어떻게 공부하지 않을 수 있을까요?

02

부동산 정책이 곧 정치다

"집을 가지면 보수화된다"라는 말이 있습니다.

문재인 정부의 일관된 부동산 정책 방향은 집을 많이 소유하지 못하게 하는 것이었습니다. 노무현 참여정부에서 부동산 정책을 주도했던 김수현 정책실장이 쓴《부동산은 끝났다》에도 "아파트, 집을 가지면 보수화된다"라는 말이 나옵니다. 필자는 이 말에 '부동산 정책은 곧 정치'라는 의미가 담겨 있다고 생각합니다. 왜 어떤 때는 부동산 규제정책이 남발되고, 부동산 가격이 폭등할까요? 부동산 정책에 정치적인 목적이 개입되기 때문입니다.

집(아파트)을 가지면 보수화되어 진보적인 정당을 찍지 않고, 보수당이라고 할 수 있는 상대편 당을 찍게 되어 집권과 집권 유지가 힘들다는 이면의 논리도 있습니다. 반대로 정책을 펼칠 수도 있을 것입니다.

이처럼 부동산 정책을 정치(선거)공학적인 표 계산으로 이득을 따진 다는 것을 염두에 두어야 합니다. 임대아파트, 임대주택 공급을 늘리고, 부동산 소유권을 가지지 못하게 하는 일관된 방향으로 나아간 적도 있습니다. 이러한 정치인들의 이야기에 쏠려 다니면, 부동산 투자로 돈을 벌기도 어렵고, 자신의 인생도 담보 잡힐 수밖에 없습니다.

부동산을 잘 알아야 이런 정치인들의 말에 끌려다니지 않을 수 있습니다. 부동산을 공부하고 부동산 시장을 바라보는 자신만의 기준이 있어야 합니다.

지난 문재인 정부 5년간, 수십 차례 부동산과 관련된 세제 개편, 재산세, 종부세, 양도세뿐만 아니라, 취득세 중과까지 일관되게 사회주의 부동산 정책을 끝까지 밀고 나간 이유도 정치적인 목적에서 자유롭지는 않을 것입니다. 그것을 이제라도 알아차려야 합니다. 정치인들의 발언과 행동이 우연히 일어나는 법은 없습니다. 철저하게 이해득실을 검토해서 법을 신설하고 개정하며 정책을 펼칩니다.

부동산 정책은 곧 정치 행위이며, 정치적인 목적과 무관하지 않다는 것을 알아차리고, 정치행위, 즉 정책 발표가 있기 전에 선제적으로 대응해야 합니다. 정책 발표가 난 다음에는 늦습니다.

03

부동산을 알아야
인생 홀로서기를 할 수 있다

자본주의 대한민국에서는 부동산(땅)을 가져야만 개인이 힘을 가지고, 누구에게도 휘둘리지 않는 독립된 주체로 설 수 있습니다.

왜 지난 정권에서는 5년 내내 토지 공개념 도입을 시도했을까요? 토지임대부 아파트 공급과 공공임대 공공재개발에 왜 그토록 집착했을까요? 토지(땅)에서 나오는, 오롯이 소유권자가 일신전속으로 행사하는 그 힘을 개인한테 주지 않고 국가가 가지겠다는 것입니다. 홀로서기를 하려면 반드시 자본의 힘이 있어야 합니다. 그 자본의 힘은 바로 땅에서 나옵니다.

모두 부자가 되고자 합니다. 필자가 내리는 부자의 정의는, 돈을 남들보다 상대적으로 많이 가진 자가 아닙니다. 누구에게도 휘둘리지 않는 자신, 자기의 생각과 철학(신념)을 가지고, 천상천하 유아독존으로 세상과 사람을 관조하는 자를 부자라고 생각합니다.

자기 생각이 없이는 절대 부자가 될 수 없습니다. 자신만의 인생 철학, 세상을 보는 눈을 가져야 합니다. 자신만의 철학이 있는 자에게는 달콤한 부추김과 선동이 먹힐 수가 없습니다.

정치인들과 언론 보도에 휘둘리지 않는 철학을 가지는 것이 바로 홀로서기, 자신을 찾는 것입니다. 오히려 정치인들과 언론을 마음대로 휘두르는 힘을 가져야 합니다.

부동산을 알아야 돈의 노예가 되지 않고 인생에서 홀로서기를 할 수 있습니다. 홀로선 자만이 부자의 길로 들어서는 자격을 갖추게 됩니다.

부동산을 공부해야
세상을 알 수 있다 1

01

부동산 투자는 반드시
아파트로 시작하라!

부동산 투자는 결국 싸게 매수해서, 비싸게 매도하는 것입니다. 부동산 정책의 남발이 가져온 아파트가격의 상승은 누군가에게는 새로운 부를 거머쥐게 했고, 또 다른 누군가에게는 어마어마한 상실감과 허탈함을 주었습니다.

아파트는 가장 쉬운 투자처입니다. 누구나 접근할 수 있으나, 막상 싸게 매수할 시점이 도래했을 때는 아무도 거들떠보지 않습니다. 이렇게 많은 사람이 쏠려 다닙니다. 남들이 뛰어드는 것을 확인해야 뛰어듭니다. 먼발치에서 보면 마치 〈동물의 왕국〉의 한 장면 같습니다. 강물을 앞에 두고 머뭇거리는 들소 떼들과 노리는 악어 떼들. 먼저 뛰어드는 놈이 건너가면 뒤따라 강으로 달려드는 모습 말입니다. 뒤따라가는 놈 중 머뭇거리는 놈이 결국은 잡아먹히지요. 자본주의 대한민국에서는 처음 뛰어드는 자가 돈(자본)을 벌 수밖에 없습니다.

조세특례제한법상 부동산 매수 · 매도 타이밍

부동산 매수 타이밍을 조세특례제한법에서 정확히 알려주고 있다는 것을 아시나요? 지금까지 대한민국에서 부동산으로 부자가 되는 시기가 두 차례 있었습니다. 양도세 감면 규정이 조세특례제한법에 최초 신설된 1998년과 추가 신설된 2013년입니다. 대한민국 부동산 역사상 총 두 번이나 신설되었고, 1998년과 2013년의 공통점은 부동산 급락으로 극심한 침체를 겪던 시기라는 것입니다.

2009년 1월, 서울로 다시 올라와서 8년 동안 전셋집을 전전할 때마다 집주인들이 내부를 점검해서 원상복구해야 한다며 꼬투리를 잡았습니다. 전세보증금에서 말도 안 되는 돈을 공제하기도 했습니다.

그래서 두 번 다시는 전세로 살지 않겠다고 하다가도, 전세보증금이 하늘 높은 줄 모르고 올라도 다시 전세를 살게 되고는 했습니다. 당시는 희한하게도 아파트는 죄다 미분양에, 건설사들은 부도 직전에 몰려 있던 상황이었습니다. 지금 생각해보면, 참 말도 안 되는 상황이었고, 왜 전부 전세를 살지, 아파트 소유권을 가지나 했습니다.

필자는 어린 시절부터 전세로 살면서 전세살이에서 일어나는 그 고단함을 알고 있었습니다. 가난을 대물림하고 돌아가시는 부친을 보며

몸으로, 가슴으로 느꼈습니다. 가난은 그 어떤 것보다 무섭다고 했습니다. 집이 없다는 것은, 부동산 소유권을 가지지 못한다는 것은, 가난의 굴레를 세습하고 대물림하는 것과 같다고 생각했습니다.

그래서 청약부금을 해지하고, 종합청약통장으로 전환한 후 2012년부터 아파트 청약을 노렸습니다. 2012년부터 누적된 신축 서울아파트의 미분양으로 어떤 신축 아파트도 골라잡아 들어갈 수 있는 상황이었습니다. 그런데 2013년 4월에 양도세를 전액 감면한다는 조세특례제한법 제99조 제2항이 나왔습니다.

조세특례제한법

제99조의 2(신축주택 등 취득자에 대한 양도소득세의 과세특례) ① 거주자 또는 비거주자가 대통령령으로 정하는 신축주택, 미분양주택 또는 1세대 1주택자의 주택으로서 취득가액이 6억 원 이하이거나 주택의 연면적(공동주택의 경우에는 전용면적)이 85㎡ 이하인 주택을 2013년 4월 1일부터 2013년 12월 31일까지 '주택법' 제54조에 따라 주택을 공급하는 사업주체 등 대통령령으로 정하는 자와 최초로 매매계약을 체결하여 그 계약에 따라 취득(2013년 12월 31일까지 매매계약을 체결하고 계약금을 지급한 경우를 포함한다)한 경우에 해당 주택을 취득일부터 5년 이내에 양도함으로써 발생하는 양도소득에 대하여는 양도소득세의 100분의 100에 상당하는 세액을 감면하고, 취득일부터 5년이 지난 후에 양도하는 경우에는 해당 주택의 취득일부터 5년간 발생한 양도소득금액을 해당 주택의 양도소득세 과세 대상 소득금액에서 공제한다. 이 경우 공제하는 금액이 과세 대상 소득금액을 초과하는 경우 그 초과금액은 없는 것으로 한다. 〈개정 2016. 1. 19.〉

② '소득세법' 제89조 제1항 제3호를 적용할 때 제1항을 적용받는 주택은 해당 거

주자의 소유주택으로 보지 아니한다. 〈개정 2014. 1. 1.〉

③ 제1항은 전국 소비자물가상승률 및 전국 주택매매가격 상승률을 고려하여 부동산 가격이 급등하거나 급등할 우려가 있는 지역으로서 대통령령으로 정하는 지역에는 적용하지 아니한다.

④ 제1항에 따른 양도소득세의 감면은 대통령령으로 정하는 방법에 따라 제1항에 따른 감면 대상 주택임을 확인받아 납세지 관할 세무서장에게 제출한 경우에만 적용한다. 〈개정 2014. 1. 1.〉

⑤ 제1항을 적용할 때 해당 주택의 취득일부터 5년간 발생한 양도소득금액의 계산과 그 밖에 필요한 사항은 대통령령으로 정한다. [본조신설 2013. 5. 10.]

출처 : 국가법령정보센터

2013년 말까지 계약하는 $84m^2$ 이하 모든 아파트는 양도세를 전액 면제한다고 했습니다. 미분양 나던 신축 아파트 청약경쟁률이 오르기 시작했고, 덩달아 제 마음도 급해지기 시작했습니다. 필자는 마포 합정역에 한강푸르지오 1차 아파트가 미분양이 났던 것이 분양 완판되는 것을 보고, 바로 옆에 지어지는 한강푸르지오 2차 아파트를 청약하려고 했습니다. 그러나 마포 한강푸르지오와 송파 아파트를 두고 한 달간 고민하다 송파로 결정한 이유는 단 한 가지입니다. 송파 아파트가 5억 9,000만 원으로 마포 한강푸르지오보다 분양가격이 5,000만 원이 저렴하기 때문이었습니다.

청약점수가 41점이어서 인기가 없을 것으로 예상하는 B타입으로 신청했습니다. 1.8대 1의 경쟁으로 당첨되었습니다. 계약서를 작성하러 가서 보니 당시 분양계약서를 작성하시는 분이 커트라인 38점인데, 다

자녀 5점이 가산되어 가까스로 청약에 당첨되었다고 말씀하셨습니다. 그때가 2013년 10월이었습니다. 지금 와서 생각해보면, 송파 아파트 청약 당첨은 제 인생을 완전히 통으로 바꾸어버린, 일생일대의 사건입니다.

---

1. 1998년 5월부터 1999년 6월 사이 사용승인 난 신규주택(단서조항, 양도세 감면 혜택은 2007년까지 매도한 경우)
2. 2013년 4월부터 12월까지 신축, 미분양, 1가구 1주택으로 6억 원 이하이거나 공동주택 84㎡ 이하 아파트를 계약한 주택(분양주택은 준공검사 후 5년간 양도세 감면)으로 주택 수에도 제외

조세특례제한법상 특례조항을 검토해보면, 다음과 같습니다.

조세특례제한법이 대한민국 부동산, 특히 아파트 매수와 매도 타이밍을 이렇게 정확히 알려주고 있는 것입니다. 다시 양도세 감면 아파트가 나온다면, 땡빚을 내더라도 어떻게든 사야 합니다.

조세특례제한법

제99조(신축주택의 취득자에 대한 양도소득세의 감면) ① 거주자(주택건설사업자는 제외한다)가 다음 각 호의 어느 하나에 해당하는 신축주택(이에 딸린 해당 건물 연면적의 2배 이내의 토지를 포함한다. 이하 이 조에서 같다)을 취득하여 그 취득한 날부터 5년 이내에 양도하는 경우에는 그 신축주택을 취득한 날부터 양도일까지 발생한 양도소득금액을 양도소득세 과세 대상소득금액에서 빼며, 해당 신축주택을 취득한 날부터 5년이 지난 후에 양도하는 경우에는 그 신축주택을 취득한 날부터 5년간 발생한 양도소득금액을 양도소득세 과세 대상소득금액에서 뺀다. 다

만, 신축주택이 '소득세법' 제89조 제1항 제3호에 따라 양도소득세의 비과세 대상에서 제외되는 고가 주택에 해당하는 경우에는 그러하지 아니하다. 〈개정 2015. 12. 15.〉

1. 자기가 건설한 주택('주택법'에 따른 주택조합 또는 '도시 및 주거환경정비법'에 따른 정비사업조합을 통하여 조합원이 취득하는 주택을 포함한다)으로서 1998년 5월 22일부터 1999년 6월 30일까지의 기간(국민주택의 경우에는 1998년 5월 22일부터 1999년 12월 31일까지로 한다. 이하 이 조에서 '신축주택취득기간'이라 한다) 사이에 사용승인 또는 사용검사(임시 사용승인을 포함한다)를 받은 주택

2. 주택건설사업자로부터 취득하는 주택으로서 신축주택취득기간에 주택건설업자와 최초로 매매계약을 체결하고 계약금을 납부한 자가 취득하는 주택('주택법'에 따른 주택조합 또는 '도시 및 주거환경정비법'에 따른 정비사업조합을 통하여 취득하는 주택으로서 대통령령으로 정하는 주택을 포함한다). 다만, 매매계약일 현재 다른 자가 입주한 사실이 있거나 신축주택취득기간 중 대통령령으로 정하는 사유에 해당하는 사실이 있는 주택은 제외한다.

② '소득세법' 제89조 제1항 제3호를 적용할 때 제1항을 적용받는 신축주택과 그 외의 주택을 보유한 거주자가 그 신축주택 외의 주택을 2007년 12월 31일까지 양도하는 경우에만 그 신축주택을 거주자의 소유주택으로 보지 아니한다.

③ 제1항을 적용받으려는 자는 대통령령으로 정하는 바에 따라 감면신청을 하여야 한다.

④ 제1항에 따라 양도소득세 과세 대상소득금액에서 빼는 양도소득금액의 계산 및 그 밖에 필요한 사항은 대통령령으로 정한다. 〈개정 2015. 12. 15.〉 [전문개정 2010. 1. 1.]

출처 : 국가법령정보센터

조세특례제한법을 분석해보면, 매도 시기까지 정확히 알려주고 있음을 알 수 있습니다. 제99조 ②항에 따르면, 2007년 12월 31일까지 양

도하는 경우, 주택 수 제외 특례혜택 부여에 대한 종료 시기를 특정하고 있습니다. 2013년에 발효된 제99조 2항은 준공검사 후 5년간(2013년 분양 착공. 2016년 준공된 아파트인 경우 5년간은 2021년임) 양도세 면제 혜택을 준다고 명시하고 있습니다.

지난 노무현 정부 때 집값이 꼭짓점을 찍은 시점이 2007년이었고, 문재인 정부 시절은 2021년이었습니다.

02

부동산 레버리지의 힘,
대출 없는 부자는 없다

송파 아파트에 입주 후 아파트 입주자 대표회의 회장을 상가 카페에서 만나게 되었습니다. 회장이 대출금을 얼마나 받고 입주했는지 물었습니다. 필자는 "계약금과 중도금 1회분 납부 후 나머지 전액을 대출받았습니다"라고 말했습니다. 회장은 "대출을 받아 잔금을 치러야 하는데 제가 너무 몰랐습니다. 전액 현금으로 치른 것이 너무 후회되네요, 잔금을 치르고 나니, 이제 아파트를 담보로는 대출이 안 되는 것을 전혀 몰랐어요"라고 말했습니다.

사실, 필자는 아파트 주택담보대출로 받은 4억 8,000만 원으로 마포 상가주택 매매금 중 일부를 보태고, 추가로 아파트 2채를 갭 투자했고, 입주한 아파트 전세보증금으로 또다시 실거주 위례 아파트를 매수했습니다.

대한민국 부자들을 보면, 대부분이 사업소득이나 부동산 투자에 성공해서 부자가 되었습니다. 사업소득의 원천도 들여다보면, 결국 부동산입니다. 대기업은 사업소득으로 기업을 일으킨 것으로 보이지만, 근본은 부동산입니다.

삼성과 현대 본사가 왜 강남, 서초에 있는지 생각해보셨습니까? 단순하게 보십시오. 그렇게 복잡할 것도, 특별한 것도 없습니다. 본사가 있는 그 부동산에 터잡아 부동산 가치 상승에 따른 담보 가치의 확장으로 수많은 경영 위기 상황에 자본 조달을 용이하게 한 것입니다.

사업소득을 뒷받침하는 근원에는 이렇게 땅, 부동산이 있습니다. 법인 소재지, 사업장 주소지의 소유권자가 누구일까요? 대기업 중에서 본사 소재지나 사업장 주소지를 임차해서 건물주에게 임차료를 내는 곳은 없을 것입니다. 임차료, 즉 차임을 주고 있는 법인사업자 중 부자들은 단 한 명도 없다고 말할 수 있습니다.

부동산을 소유하는 자가 부자가 될 수 있습니다. 따지고 보면, 결국 대기업도 부동산업을 하는 것입니다. 코스피 상장기업의 재무제표를 들여다보고, 총자산 중 부동산이 차지하는 비율이 얼마인지 살펴보면 쉽게 결론을 낼 수 있습니다. 즉, '대출을 얼마나 일으켜서 자산의 규모를 키웠는가'에서 승부가 갈립니다.

부동산은 레버리지를 얼마나 일으키냐에 부자가 되느냐, 마느냐 하는 것이 결정됩니다. 레버리지를 일으키지 않고 순수한 사업소득으로 부자가 된 자는 지금껏 단 한 명도 본 적이 없습니다.

그래서 개인은 반드시 아파트 한 채는 내 집으로 소유권을 가져야 한다고 생각합니다. 아파트 한 채가 일으키는 레버리지의 힘은 수십억 원의 건물을 살 수 있고, 더 나아가 기업을 인수할 수도 있는 종잣돈이 됩니다. 부동산 공부와 투자는 절대 포기해서는 안 됩니다.

부동산 대출 규제가 풀리고, 아파트값이 떨어지고, 정부에서 제발 집 좀 사라고 할 때는 반드시, 부동산으로 자산을 늘려야 하는 시기라는 것을 꼭 기억하시기를 바랍니다.

03

상가 건물,
꼬마빌딩 보는 법

　상가 건물, 꼬마빌딩을 보는 법에 대해서 알아보겠습니다. 상가 건물이 매물로 나올 때는 다음과 같은 4가지 특징을 보입니다.

　첫째, 건물주의 나이가 80대인 사례가 대부분입니다. 건물주가 연세가 들면서 소유한 건물도 40년 가까이 또는 그 이상의 노후화가 진행되어 재건축이 임박한 경우가 많습니다. 나이가 드니 재산을 순서대로 정리하면서 건물도 처분하고, 자식들에게 얼마씩 나누어서 증여하기 위해 건물을 파는 경우가 많습니다.

　또한, 이런 건물들은 10년 전 시세로 임대료를 받는 경우가 많은 것이 특징입니다. 매수하고 나서는 현 시세에 맞춰서 임대해야 합니다.

　저 역시 영등포 건물 2채는 소유자분이 모두 아버지 연배인 분들이었습니다. 고령으로 건물 관리가 힘에 부쳐서 서울 생활을 정리하고, 고향으로 내려가시려고 한 경우였습니다.

둘째, 3층이나 4층에 소유자가 거주하는 경우가 많습니다. 1970년 대에서 1980년대에 신축한 건물들은 건폐율 적용 없이 맞벽건축으로 꼭대기 3, 4층에 주인세대로 거주했습니다. 엘리베이터를 설치하지 않아서 계단을 오르내리는 것이 연세가 드신 노인분들한테는 너무나 힘이 드실 수밖에 없기에 매물로 나옵니다. 필자가 최초 매수한 영등포 건물의 이전 소유자도 부인이 무릎 관절이 아프고, 나이가 들어 이제는 더 이상 계단 오르내리기 힘들다며 건물을 매도했습니다.

셋째, 증여(부담부증여로 증여세 감경) 시기를 놓친 경우입니다. 대출을 받아 부담부증여를 해야 증여세를 줄일 수 있으나, 어르신들이 대출을 꺼리셔서 증여세 부담으로 매물을 내놓는 경우가 많습니다. 그러나 대한민국의 상속세나 증여세는 정말 가혹할 정도로 엄청나다는 것을 아시면 이렇게 하면 안 됩니다.

넷째, 상속으로 매물이 나오는 경우를 들 수 있습니다. 상속이라도 물려줄 돈이나 다른 부동산이 있어야 하는데, 자식들이 상속세를 부담하기 어려우니 급매로 나오는 것입니다. 건물기준시가(공시가격)를 과세표준으로 하던 상속세를, 감정평가액으로 건물가액을 추정 계산해서 과세표준으로 하는 세법이 개정되어, 상속세 부담으로 인한 건물 급매가 증가할 것으로 예상해볼 수 있습니다.

이렇게 매물로 나온 30억 원 이하의 상가 건물, 꼬마빌딩을 매수하려면 어떤 부분을 자세히 살펴봐야 할까요? 30억 원 이하의 상가 건물을 소유한다는 것은 그다음 단계인 용적률 600%의 상업용 빌딩과 같은 투자 대상으로 눈을 넓혀나갈 수 있다는 점에서 중요합니다. 매수자의 관점에서 분석해보겠습니다.

첫째, 수익률이 높다고 매수하는 우를 범하지 않아야 합니다. 수익률은 물론 중요한 고려사항일 수 있습니다. 하지만 최우선은 아닙니다. 수익률만 좇아 건물을 보는 것은 최하수의 관점입니다. 다시 말씀드리지만, 수익률만 따지며 중개사무소를 돌아다니는 것은 시간을 허비하는 것입니다.

서울 상업지역에서 수익률이 많이 나오는 깔끔한 신축급 매물은 우리가 볼 수 없을 뿐만 아니라 나오지도 않습니다. 부동산 지식이 전혀 없는 상태에서 그냥 눈앞에 보이는 이익, 월세만 높다고 덥석 물어버리는 어리석은 선택을 하지 않으시기를 바랍니다.

과거도, 현재도 LH에서 헐값으로 땅을 분양받은 시행사들이 신도시 구분상가를 분양하면서 병원, 약국 등 가장임차인을 넣어 고수익률을 제시하고 있습니다. 고분양가로 뒤통수를 치고 돈다발만 챙겨 들고 빠져나갔습니다. 신축 상가에 시행사는 병원 유치를 약속하고, 실제 병원에 개원지원금 명목으로 거액의 돈을 건네기도 합니다. 하지만 이를 믿고 덜컥 상가를 매수했다가는 큰 낭패를 보게 됩니다.

둘째, 먼저 건물에 입점하고 있는 현 임차인의 사업경력을 파악해야 합니다. 건물의 위치가 주거지역인지, 상업지역인지에 따라 임차인의 사업경력(장사하는 유무형의 힘)은 천지 차이가 납니다. 2, 3종 주거지역과 상업지역 임차인의 사업경력은 주 7일간의 연중무휴 상권을 전쟁처럼 치르는 상업지역의 임차인과 소매점, 1종 근린생활권역 주거지역 임차인과는 당연히 차이가 날 수밖에 없습니다.

수십 년간의 장사 비결을 가진 사업경력은 권리금으로 형성되고, 그렇게 사업경력이 있는 상업지역 임차인은 절대 스스로 나가는 일이 없습니다. 공실이 발생하는 건물은 주거지역 단독주택, 다가구주택 1, 2층을 상가로 용도변경한 주거지역 건물에서 날 가능성이 크다는 점을 기억하시기 바랍니다. 상권이 급작스럽게 일어나거나 근린상가로 전환한 주거지역은 상권이 지면서 공실이 생기면 용적률 200~250%로 근원적인 한계를 가지고 있습니다. 신축 개발도 어렵고, 매도도 쉽지 않습니다.

셋째, 코너 또는 코너가 아니라면 코너 건물 바로 옆 건물을 매수해야 합니다. 이도 저도 아닌, 그냥 중간에 맞벽을 낀 건물을 매수하면, 옆 건물 신축이나 합필로 동시 매도될 때 제외될 수 있습니다. 게다가 개발도 하지 못하는 상황이 발생합니다.

넷째, 반드시 30년 지나간 구축 건물을 매수해야 합니다. 30억 원대 이하 건물 매입가격이 감정평가액보다 낮은 건물을 최대한의 풀레버리지로 매수하는 것이 좋습니다. 구축 건물을 매수하면 10년 이상 유지된 임대료를 조정하고 재계약함으로써 수익률을 올릴 수 있습니다. 매도 또는 재건축 시까지 건물을 수익을 낼 수 있도록 관리함으로써 매도 타이밍을 봐야 합니다.

다음 장에서는 소유자 관점에서 상업용 건물(꼬마빌딩)을 관리하고, 수익률을 올리고 개발할 것인지 검토해보겠습니다.

04

건물의 수익률 관리와
매수 · 매도 타이밍

빌딩, 상업용 올근생 건물(전부 근린생활 건물)은 원래 상업지역에 있는 것입니다. 잊지 말아야 할 것은 지가 상승은 용적률에 비례한다는 것입니다. 상업지는 상업지요, 주거지는 주거지입니다. 꼬마빌딩은 원래 근생건물을 뜻하는 것입니다. 지난 문재인 정부 5년간 아파트가격만 오른 것이 아닙니다. 아파트가격은 건물가격이 오른 것에 비하면 오른 것도 아닐 정도로 건물가격이 많이 올랐습니다. 주택규제로 인한 풍선효과로 인기지역인 강남, 성수, 마포의 올근생 꼬마빌딩 상업용 건물가격은 천정부지로 올랐습니다.

사람이 모여 사는 도시지역은 주거지역, 상업지역, 공업지역, 녹지지역으로 나누어져 있습니다. 코로나19로 사람과의 접촉을 꺼리는 비대면, 인터넷 주문 등이 많아져 오프라인 상권은 온라인 상권으로 많이 전환되었습니다. 외부출입을 하지 않다 보니 주거지역 상권이 활성화되고, 상업지 상권은 몰락할 것으로 예상하는 사람들이 있습니다. 그러나 저는 직장으로 출근하고, 사람을 만나 상거래 행위가 이루어지며, 퇴근 후에는 귀가하는 인간의 본성, 그 본성이 바로 돈을 벌기 위해서라는 욕망을 너무나 모르고 그런 이야기를 한다고 생각합니다.

직장이 필요 없는 경제적 자유를 이룬 자들만 사는 세상은 출근하거나 상거래 행위를 일으킬 장소로 바로 이동해서 사람을 많이 만날 일이 없습니다. 하지만 대다수 사람은 돈을 벌기 위해 어디론가 이동해야 합니다. 주거지역 상권은 생활필수품을 판매하는 1종 근린생활시설 중심의 소매점으로 전환될 것입니다. 완전히 주거지역으로서의 용도에 맞는 상권이 형성될 것이고, 사람이 어쩔 수 없이 교차하는 지점은 상업지역이 될 것입니다.

지금까지 상업지에 있어야 하는 2종 근린생활시설, 위락시설, 판매시설 등 업종이 주거지역에 혼재되어 있었다면, 주거지역에 적합한 업종으로 전환될 것입니다. 중심상업지역의 상권은 더욱 활성화될 것으로 전망합니다.

주거지는 주거의 평온과 안락함을 주는 곳이고, 상업지는 상거래 행위가 이루어지고 돈을 벌고 쓰기 위한 곳입니다. 상업용 빌딩 및 건물은 용적률 600%를 넘는 상업지역에 있어야 합니다. 주거지역 건물은 용적률 200%, 250%의 근원적인 한계를 가지고 있습니다.

남들이 2018년 강남 주거지역에 평당 1억 원, 성수(준공업지역 용적률 400%)의 평당 6,000만 원의 꼬마빌딩이 좋다고 너도나도 뛰어들 때 다른 곳을 볼 수 있는 눈을 가져야 합니다. 용적률이라는 근원적 한계가 없는 상업지역으로 눈을 돌려야 합니다.

2018년에 영등포 상업지역(용적률 600%)이 평당 5,000만 원대에 머물러 있다면, 강남 주거지역과 성수 준공업지역이 아닌 나 홀로 영등포 상업지역으로 갈 수 있는 눈을 가져야 합니다.

꼬마빌딩 건물은 유지 관리가 핵심이다

상가주택, 꼬마빌딩 등은 모두 땅을 가진 단독소유자의 수익형 건물에 해당합니다. 구분상가 외 모든 형태의 건물을 사용하고, 관리해본 경험에서 말씀드리겠습니다. 제1원칙은 소유권자로 가지는 법률상의 권리와 의무에 대해 완벽하게 숙지하고, 문제가 생기면 스스로 해결해 나가야 한다는 것입니다.

건물주가 꼭 알아야 하는 법률 중 '주택임대차보호법', '상가 건물임대차보호법', '민법' 총칙(계약법)은 언제든지 문제 상황 시 관련 법조문을 끌어낼 정도로 숙지하고 있어야 합니다. 그렇지 않고 공인중개사나 주변 사람들 말만 듣고 건물 관리를 하면 임차인에게 끌려다니게 됩니다. 또한 공실이 생기면 임차인을 맞추지 못하고 자기 건물에서 장사하거나, 주거지를 옮기거나 해야 하는 최악의 상황까지 발생하게 됩니다. 그러다 결국 은행 대출이자와 세금을 견디지 못하고 매도하게 됩니다.

수선 또는 리모델링은 신중하게

한때 단독주택, 다가구주택을 대수선해서 올근생과 법인사옥으로 많이 만들었습니다. 2018년부터 강남 건물 시장이 불장일 때 아주 많은 사람이 건물을 매수했었지요. 그때 대수선된 물건들이 몇 년 지나 매물로 쏟아지고 있는데 임차인을 못 찾고 있습니다. 역세권이 아닌 애매한 주택가에 있는 건물들은 임차인을 맞추기가 힘듭니다. 임차인을 맞추지 못하고, 은행 대출금이 연체가 시작되면 건물주는 곧 폭망입니다. 대수선도 새로 건축하는 것처럼 돈이 많이 드니 지금 같은 시기에는 심각하게 고민을 해야 합니다.

건물 관리는 돈을 주고 건물 관리업체를 찾지 마십시오. 동네 철물점을 통해서 지속적으로 생기는 자잘한 문제를 해결하는 것을 추천합니다. 그러면 비용이 절감되고 전기, 수도, 난방, 누수 등을 종합해서 서비스를 받기도 수월합니다. 동네 철물점에서는 각종 전문가를 잘 찾아줍니다. 동네 주인 찬스까지 겸비해서 싸게 협의하고 가격을 조율할 수도 있습니다.

다음은 상가주택 수선 전후 사진입니다.

마포 상가주택 수선 전(상가주택 주인세대)

출처 : 저자 작성

마포 상가주택 수선 후

출처 : 저자 작성

부동산 직거래, 득일까? 실일까?

자신의 상가 건물에 공실이 있다는 것은 수익률이 그만큼 떨어진다는 것을 의미합니다. 공실을 채우려면 어떻게 해야 할까요? 직거래로 매물을 올리는 방법을 알려드리겠습니다.

'피터팬의 좋은방 구하기(www.peterpanz.com)'를 이용하면 주택뿐만 아니라 상가, 사무실까지 소유자가 비용을 전혀 들이지 않고, 직거래로 매물을 올릴 수 있습니다. 앱을 설치한 후 회원가입을 하고, 방 내놓기에 매물 현황을 등록 후 광고를 시작하면 됩니다. 이때, 앱과 네이버 부동산 동시 노출을 설정합니다. 반드시 모바일 확인으로 집주인 휴대전화를 인증해야 수수료가 없습니다.

네이버 직거래로 집주인 본인 인증으로 매물을 올리면 다음과 같은 장점이 있습니다.

첫째, 부동산 중개수수료를 아끼려는 매수 대기자가 많이 있어서, 매도호가를 시세 대비 10%만 낮춰도 문의 전화가 옵니다.

둘째, 매도호가 및 광고 노출 여부를 집주인 마음대로 조정할 수 있습니다. 매물 사진도 원하는 만큼 첨부할 수 있는 것도 장점입니다.

셋째, 주변 부동산 중개사무소에서 집주인이 직거래로 내놓은 것을 알게 되면, 중개를 성사시키기 위해 반경 1km 내 중개사무소에서 매수자를 찾기 위해 적극적으로 나서게 됩니다.

이 외에도 매물을 직접 내놓을 수 있는 곳으로는 '다방(www.dabangapp.com)', '직방(www.zigbang.com)', '네모(www.nemoapp.kr)' 등이 있습니다. 네모는 2020년 5월부터 유료로 전환되어 최저 22만 원부터 광고비가 책정되었습니다.

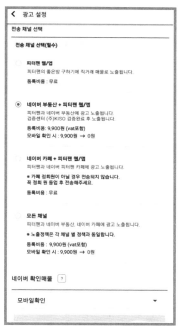

출처 : 피터팬의 좋은방 구하기

이렇게 직거래로 임대인이 직접 매물을 내놓으면 공실을 채우는 데 아무래도 도움이 됩니다. 그러나 역설적으로 개정 공인중개사법으로 직거래가 어려워지고 있습니다. 임대인 역시 허위 매물신고에 자유롭지 못하고, 임차인 역시 직거래할 만큼의 매물을 찾기가 쉽지 않은 것이 현실입니다. 이미 직거래 사이트는 공인중개사를 상대로 매물을 올려주고, 그 대가를 받는 수익구조로 완전히 바뀌는 중이라는 점도 기억해야 합니다.

반대로 매물을 보는 입장에서 생각해보겠습니다. 매수하고 싶은 상업용 빌딩, 건물은 네이버 부동산 정보에 나오지 않습니다. 수익률이 높고, 지가 상승이 예상되는 건물은 네이버 부동산에 공인중개사들이 올리지 않습니다. 네이버 부동산에 올리는 즉시 그 매물은 자신만의 매물이 아닌 셈이기 때문입니다. 여기에 똑같은 상황의 빌딩 중개법인들은 말할 것도 없습니다. 단독중개를 하기 어렵다는 이유로 네이버 부동산에 올리지 않습니다.

또한, 네이버 부동산에 올라가는 순간, 매도자가 팔아야 할 급한 매물로 간주하는 경향이 있습니다. 부동산은 불확실성을 먹고 자랍니다. 막상 확실히 매도한다고 하면 매수하려던 사람도 멈칫하고 다시 생각하게 됩니다. 믿을 만한 공인중개사, 공인중개사의 블로그에 올라오는 매물을 찾는 것이 더 좋은 방법입니다. 필자 역시 네이버 부동산에 올라오지 않은 건물을 매수했음은 더 말할 필요가 없습니다.

05

꼬마빌딩(상업용 건물)과 대출

꼬마빌딩(상업용 건물) 매수 시 대출을 얼마나 할지, 대출을 반드시 해야 하는 이유에 대해 함께 살펴보겠습니다. 앞서 부동산 매입에서 레버리지가 얼마나 중요한지는 알려드린 바 있습니다. 꼬마빌딩도 마찬가지입니다. 레버리지를 극대화하면 꼬마빌딩의 자산운용 능력이 극대화됩니다.

부동산 대출이 가능한 시기는 최초 소유권 등기 시와 소유권 등기 이후의 여타 부동산 매수 시 공동담보로 추가 담보가 이루어지는 경우, 담보 가치 상승으로 기존 대출을 다른 은행으로 상환하는 대환대출의 총 3가지 경우를 들 수 있습니다. 이 중 공동저당도 해보니 본인이 해오던 사업자가 없으면 추가 대출도 쉽지는 않은 듯합니다. 즉, 최초 소유권 등기 시만 대출을 받을 수 있다고 보고, 레버리지를 극대화해야 하는 이유를 알아보겠습니다.

1. 투입자본의 최소화

투입자본 대비 산출수익을 극대화하는 것이 투자의 기본 중 기본입니다. 30억 원 부동산을 매수하며 전액 현금 30억 원을 투입한 경우와 24억 원을 대출해서 80% 레버리지를 일으키며 현금 6억 원을 투입한 경우는 다릅니다. 후자의 경우, 6억 원의 자본으로 5배가 넘는 자산을 들어 올리는 지렛대 역할을 할 수 있습니다.

투입자본을 최소화함으로써 남는 현금은 소유한 부동산에 공실이나 대수선, 리모델링 등 불가피한 자본적·수익적 지출 문제가 생겼을 때 시간을 벌고 버티는 해결 능력을 키워줍니다.

2. 비용 처리

부동산 매수 시 매수자금으로 들어간 대출이자 전액은 비용으로 처리됩니다. 물론, 소유권이전등기와 동시 근저당 설정된 은행 대출을 말하는 것입니다. 종합소득세 신고 시 부동산 사업자는 고정적·주기적으로 비용 처리를 할 항목이 거의 없습니다. 상업용 부동산 매수 시 대출을 최대한 일으키고, 현금 투입을 최소화해야 하는 이유가 바로 이것입니다.

3. 부담부증여

대출이나 전세 부분을 수증자에게 부담하는 부담부증여는 세금 부분에서 대출 없이 일반증여하는 경우와 비교할 때 절대적으로 유리합니다. 상업용 건물일 경우, 대출이자는 수증자가 상가에서 나오는 임대료로 충당함은 말할 것도 없습니다.

부동산 레버리지의 극대화는 소규모의 자본을 가지고 타인, 은행의 자본을 이용해서 자산을 극대화하는 데 반드시 필요합니다.

이렇게 레버리지를 일으켜 꼬마빌딩을 매수했다면, 매수한 즉시 매도 타이밍을 잡아야 합니다. 반드시 임대료와 권리금을 사전에 파악해서 입점 후 5년 이상, 10년이 된 임차인인지 유무를 확인합니다. 임대료를 올릴 수 있는지, 어느 정도의 권리금이 거래되고 있는지를 알아봐야 합니다.

권리금과 임대료는 반비례합니다. 건물 소유자가 30년 이상 변동이 없었던 건물은 임대료가 낮을 것이 분명합니다. 임차인 역시 5년 이상 10년 사이 장기 임차인일 확률이 높습니다. 매수 즉시 임대료를 올리고 수익률을 올려야 합니다. 갱신을 거절할 수 있는 기간을 확인하고, 재건축을 항상 염두에 두고 매수 즉시 매도 타이밍을 찾아야 합니다.

부동산 매수는 언제든 의지만 있으면 할 수 있습니다. 그러나 매도는 타이밍을 잡지 못하면 본인의 의지와 상관없이 주변에 휘둘릴 수밖에 없습니다. 수익 관리를 잘하려면 본인이 스스로 직거래하고, 건물을 보수 관리할 의지와 능력을 높이고 공부해야만 합니다.

부동산 투자의 진정한 끝판왕은 바로 소유권자가 직접 시행과 시공을 하는 것입니다. 구축 상업지역 건물을 땅값만으로 매수해서 재건축할 힘을 키워나가야 합니다.

06

건물 신축 시 반드시 대출받아야 하는 이유

부동산 중개사무소에 신축할 땅을 보러 온 분이 계셨습니다. 꼬마빌딩을 매도하고 세곡동 은곡마을이 너무 좋아서 여기 구축주택을 매수해서 구축주택은 헐고 근생이 들어간 상가 건물을 신축하기를 희망한다고 했습니다.

상가 건물을 신축하기 위해서는 계약서를 쓴 후 토지사용승낙서를 받아 우선 건축허가를 받은 후 대출을 받아 잔금을 치르라고 말씀드렸습니다. 그런데 자신은 부동산 판 현금이 많아 무조건 대출을 받지 않는다고 했습니다. 대출이라면 부정적인 생각이 들고, 꺼려진다는 이유로 보유한 현금으로만 매수하겠다고 고집했습니다. 필자는 그러시면 건축비라도 대출을 받으시는 것이 어떠시냐고 권유해드렸습니다. 그런데 그것도 싫다고 했습니다.

매물을 중개하는 공인중개사 입장에서는 보유 현금으로만 매수하든, 가능한 대출을 받아서 매수하든 별다른 차이는 없습니다. 중개보수만 받으면 사실 그만인 것입니다. 그렇지만 건물주의 입장에서 조언하자면 그렇지 않습니다. 필자 역시 건물을 소유하고, 신축을 계획한 후 임차인 전체 명도까지 진행해봤기 때문에 건물주 입장에서 대출을 받는 것이 왜 필요한지 상세히 정리해드리겠습니다.

결론적으로, 대출을 일으키지 않고 공사비를 현금으로 시공업체에 그냥 넣다가는 내 건물을 짓다가 올스톱되거나, 준공되기도 전에 건물이 다른 사람 손에 날아갑니다.

첫째, 건물 공사는 계약금을 지급한 이후 공사 진행 상황에 따른 기성 백분율에 따라 공사비를 지급하게 될 것이라고 합니다. 그러나 공사비가 계약서대로 나올 리가 없고, 계약된 공사비에 따라 진행되는 경우는 단 한 번도 본 적이 없습니다. 만약 시공사가 돈을 안 준다고 공사를 중단해버리고 유치권 행사를 하면 어떻게 할까요? 유치권이 얼마나 무서운지는 대법원 판례 검색만 해도 바로 알 수 있습니다. 말도 안 되는 유치권 행사라도 건축주로서는 견디기가 어렵습니다. 그러면 유치권 포기각서를 쓰면 되지 않을까요?

그러나 막상 공사를 중단해버리는 것이 더 큰 문제입니다. 유치권은 그다음 이야기입니다. 유치권 외에 시공사가 할 수 있는 조치는 가압류가 있습니다. 가압류된 부동산은 부동산 시장에서 제값에 팔기가 굉장히 어렵습니다. 유치권이든, 가압류든 건물주는 가능하면 맞닥뜨리지 않는 것이 좋습니다.

둘째, 은행이 공사비를 지급하게 해야 안전합니다. 전제조건으로 반드시 소유권 이전으로, 등기가 넘어오기 전에 잔금으로 대출을 받아 근저당 설정을 넣는 것이 좋습니다. 이 은행, 저 은행을 왔다 갔다 하면 이도 저도 안 됩니다. 토지담보대출을 해준 은행은 건축도 빨리 완공되어야 대출금 회수가 원활합니다. 건물 부분까지 근저당 설정이 들어가야 하므로, 대출은행이 알아서 건축 진행 상황을 확인하게 됩니다.

셋째, 대출을 일으키지 않은 수십억 원의 현금을 투입하는 것은 말 그대로 투입자본 대비 효율을 생각하지 않는 일입니다. 건물이 다 완성되고 임차인을 다 구성해서 월세 1,000만 원을 받게 된다고 가정해보겠습니다. 월세 절반은 세금으로 내야 합니다. 이 또한 대출을 비용으로 처리해야 하는 이유입니다.

07

상가 투자 시 알아야 할 임대료와 권리금

코로나19로 2020년 9월 29일에 '상가 건물임대차보호법'이 개정되었습니다. 정치 입법자들이나, 왈가왈부하는 언론이나 정말 세상을 몰라도 이렇게 모르나 하는 생각이 들 만큼 개정 내용이 의아했습니다. 코로나19로 인해 장사가 안되어 매출이 떨어지는 임차인에 대해 임대인에게 일방적으로 부담을 지우는 개정된 '상가 건물임대차보호법'은 그저 임대인과 임차인을 가르고 싸우게 만드는 법이라는 생각이 들었습니다.

임대인의 권리와 의무는 곧 임차인의 권리와 의무입니다. 상호 권리를 주장하기 전에 자신의 의무를 먼저 이행해야 합니다. 임대료를 낮추어 착한 임대인이 되고 싶지 않은 사람이 있을까요?

상가 건물임대차보호법

제11조(차임 등의 증감청구권) ① 차임 또는 보증금이 임차건물에 관한 조세, 공과금, 그 밖의 부담 증감이나 '감염병의 예방 및 관리에 관한 법률' 제2조 제2호에 따른 제1급 감염병 등에 의한 경제 사정의 변동으로 인하여 상당하지 아니하게 된 경우에는 당사자는 장래의 차임 또는 보증금에 대하여 증감을 청구할 수 있다. 그러나 증액의 경우에는 대통령령으로 정하는 기준에 따른 비율을 초과하지 못한다. 〈개정 2020. 9. 29.〉

② 제1항에 따른 증액 청구는 임대차계약 또는 약정한 차임 등의 증액이 있고 난 뒤 1년 이내에는 하지 못한다.

③ '감염병의 예방 및 관리에 관한 법률' 제2조 제2호에 따른 제1급감염병에 의한 경제사정의 변동으로 차임 등이 감액된 후 임대인이 제1항에 따라 증액을 청구하는 경우에는 증액된 차임 등이 감액 전 차임 등의 금액에 달할 때까지는 같은 항 단서를 적용하지 아니한다. 〈신설 2020. 9. 29.〉 [전문개정 2009. 1. 30.]

출처 : 국가법령정보센터

권리금과 임대료는 반비례한다는 사실이 간과되고 있습니다. 임차인들은 진검을 가지고 전투하는 진검사들이고, 임대인들은 선언적·주의적 고지만 하는 목검사들입니다. 그리고 임대료가 부담되는 임차인은 애초에 진검 승부사들 안에 끼지도 못합니다.

20년 이상 된 건물, 빌딩이 공실이 난다고요? 세상 모르는 이야기입니다. 구분상가는 개별 소유권자가 땅을 가지고 있지 못하기 때문에, 땅을 가진 건물 임대인과는 애초에 비교 대상이 될 수 없습니다.

임차인의 힘은 임대인의 힘을 빨아들이면서 나옵니다. 상업지역에서 수십 년간 장사해온 임차인분들은 진정한 프로이고, 진검 승부사입니다. 바뀌는 법도 모르고 세상이 돌아가는 이치를 모르는 무지한 임대인은 진검 승부사인 임차인을 당해내지 못합니다. 임대인은 임대인대로 자신의 권리와 의무가 무엇인지 알고 끊임없이 공부해야 합니다. 임대인은 이제 더는 갑이 될 수 없습니다.

우선, 임대인이 법을 알고 세상을 알아야 합니다.

1. 우선, 상가 건물 임대차계약은 냉정한 상거래이자 금전 거래 관계입니다. 상가 임차인을 처음부터 잘 받으세요. 공실이 나더라도 임대인은 버티세요. 월세 100만 원을 받으려다 임대료 연체와 지연을 상습적으로 반복하고, 권리금 장사까지 하며 버티는 임차인 때문에 양도차익 수억 원이 날아갈 수 있습니다.

2. 월세 150만 원 이상 받을 상가에 100만 원 임대료를 받고 있다면 권리금은 최소 3,000만 원 이상이 형성됩니다. 월세가 낮을수록 권리금은 더욱 높게 가속화됩니다.

3. 서울 상업지역은 어느 곳이든 권리금이 형성되어 있습니다. 공실이 나는 건물은 처음부터 쳐다도 보지 마십시오. 주거지역 건물은 권리금 자체가 영업권리금 그 이상 이하도 아닙니다.

4. 구축 건물 20년 이상 된 건물은 어떤 상가든지 권리금이 형성되어 있습니다. 오래된 건물일수록, 임대인이 바뀌지 않을수록 건물 임차인은 그 힘이 세집니다. 코로나19로 장사 되는 곳은 더 잘되고, 안되는 곳은 더 안 됩니다. 그만큼 양극화가 심해졌습니다. 공실이 나거나 공실이 날 염려가 있으면 그 건물은 쳐다도 보지 마세요. 염려가 생긴다는 자체가 그 건물의 입지가 좋지 않다는 것입니다.

5. 법무부 표준계약서를 쓰세요. 재건축 혹은 신축, 멸실조건으로 명도 특약을 반드시 넣어서 귀찮더라도 계약서를 꼭 쓰세요. 계약서 작성 시 반드시, 사전에 명도비를 특정해서 명도보상금을 지급한다는 특약을 넣어야 합니다. 제소전 화해조서 작성을 굳이 돈 들여 할 필요가 없다는 것입니다.

부동산 투자자는 변동하는 흐름에 항시 준비하고 대응해야 유지됩니다. 임대인은 임대인으로서 가지는 권리와 의무에 관해 끊임없이 공부해야 합니다. 임대인도 진검 승부사가 되세요.

08

구분상가 투자의 위험성

요즘 유튜브 동영상을 보면 방송인들부터 출연자까지 수익률이 맞춰진 고수익 상가에 대해 무조건 좋다고 말합니다. 그것을 보면서 위험하다는 생각이 들었습니다. 어떤 부동산이든 상승기 매입가격에 부동산에 투자하는 것은 위험합니다.

특히, 수익형 부동산은 매입가격이 최후 처분가격을 좌우합니다. 우선 매입가격이 낮아야 세입자를 내 마음대로 받을 수 있습니다. 세입자의 월세를 점차 올려서 수익률 목표에 도달하면 파는 것이 자유자재로 가능하게 됩니다. 또한 상가는 무조건 부동산 최저점을 이룬 지루한 약보합 시기에 수차례 유찰되어 잉여금이 거의 남아 있지 않은 경매 낙찰가격으로 최저가에 매입해야 버티는 힘이 생깁니다.

현재 수익형 부동산 시장에 나온 매물을 보면, 상가는 경매로 헐값에 나온 것을 주워 담아 오로지 고수익률로 임차인을 맞춘 사람들이 수익 실현을 하기 위해 내놓고 있다는 점을 분명히 알아야 합니다.

또한 죄다 상업지역이 아닌 주거지역 건물입니다. 주거지역 구분상가는 배후세대 최소 1만 세대를 넘고, 더는 상가 있는 땅이 없어야 하는 곳이어야 합니다. 그래야 공실이 안 생깁니다. 유튜브 방송에 나오는 상가 수익형 부동산에 투자해서 성공한 사람들은 모두 부동산 침체기인 2010년부터 경매로 취득한 사람들입니다. 분양상가를 매입한 사람들이 아닙니다. 구분상가는 지금 현시점은 너무나 위험하니 절대 매수하시면 안 됩니다.

구분상가는 공실이 나더라도 최후에 소유자가 언제든 본인이 직접 사업자등록을 해서 사업할 사람이라면 몰라도, 지금 부동산 고수라고 나오는 자들 말에 혹하지 마십시오. 구분상가를 수익률 개념으로 죄다 만들어낸 사람들이니, 덥석 물면 큰코다칩니다.

눈앞에 보이는 수익률이 다가 아닙니다. 땅을 딛고 있는 현재 수익률은 저조하나 내 마음대로 할 수 있는 건물을 사서 수익률을 올리는 것이 훨씬 이익입니다.

매도 불가한 상가에서 울며 겨자 먹기로 장사하는 임대인 이야기

2015년부터 오르던 집값 상승 시기에 건설사들의 아파트 분양, 입주가 쏟아지면서 덩달아 상가도 5060 은퇴자들을 타깃으로 분양대행사들의 화려한 광고가 이어졌습니다.

'수익률 10% 우량 임차인 확보, 수익률 보장'이라는 홍보문구를 내건 광고전단에 상가를 분양받은 5060 세대 이야기를 해봅니다. 구분상가를 분양, 매수하는 것이 얼마나 위험한지 실제 사례를 구성해보겠습니다.

사례 1 공유지분으로 나누어져 있는 구분상가 매수

어느 날, 구분상가를 분양가의 50% 가격이라도 팔아달라고 전화가 왔습니다. 은퇴 후 상가를 매수해서 월세를 받아 편안히 노후를 보내려고 무려 세 곳이나 매수하신 분입니다.

건물 상가에 직접 방문해보니 어처구니가 없었습니다. 필자가 방문했을 때는 그 자리에 있던 푸드코트가 퇴실해서 아주 썰렁한 분위기였습니다. 전체 100평 남짓한 상가를 쪼개기 분양해서, 공유자만 12명인 것으로 확인이 되었습니다. 결론적으로 그 상가는 팔 수도 없는 것이었습니다. 우선 임대든, 매매든 공유자 간의 의사 합치가 되지 않을 것이 뻔했습니다. 이런 상가를 왜 매수했느냐고 물으니, 시행사에서 야심 차

게 병원을 유치한다고 해서 시행사가 약속한 임대료만 믿고 매수한 것이었습니다. "그때, 제정신이 아니었다. 뭔가 홀렸다"라고 말합니다.

욕심이 화를 부른 것입니다. 시행사를 고소하면서 변호사 선임비용이며 소송비용까지 들고, 몇 년째 이자만 내다 보니 맨날 부부 싸움에 죽을 지경이라고 합니다. 공유자 단체 카톡방에서는 "손해 보더라도 팔자!", "아니다. 나는 죽어도 못 판다!" 하고 의견이 분분하니 지금도 답이 나오지 않는 상황입니다. 결국 상가 잘못 매수해서 상갓집이 된 꼴입니다.

사례 2 상가를 매수했다가 팔자에 없는 장사를 하는 임대인

아파트를 매수하려고 부동산 중개사무소에서 집주인과 만났습니다. 필자가 제시한 매수가격에는 팔지 않겠다고 합니다. 죽어도 그 가격에는 못 판다고 해서, 할 수 없이 필자는 다른 동의 아파트를 매수했습니다.

입주 1년 후 단지 내 상가에 밥 먹으러 갔다가, 식당 옆에서 장사하는 분을 마주쳤습니다. 사려고 했던 아파트를 팔지 않겠다던 그 집주인이었습니다. 아파트 가격이 오르니 오른 만큼 퇴직 후 월세나 받을까 생각해서 전세금 받은 돈으로 단지 내 상가를 매수하셨다고 합니다. 임차인에게 월세나 받으려고 했는데, 임차인을 구하지 못해 직접 장사하게 되었다고 합니다. 상가를 잘못 매수했다가 팔자에도 없는 장사를 하게 되었다고 하소연했습니다. 대충 인테리어를 하고 오픈했는데 장사도 잘되지 않고, 상가를 지키고 있는 것이 감옥에 갇힌 것과 같다고 합

니다.

결국 폐업하고 임대료를 낮춰 세를 주었고, 월세는 이자 내고 나면 남는 것이 없지만, 마음은 편하다고 합니다.

사례 3 구분상가를 여러 곳 분양받은 소유자

월세를 받을 생각을 하며 구분상가를 여러 곳 분양받은 소유자가 있습니다. 관리비와 대출이자를 충당하기 위해 팔자에 없던 장사도 시작했습니다. 장사를 처음 하니 모든 게 낯설고 힘듭니다. 장사는 아무나 하는 것이 아니라는 것을 절감합니다. 무엇보다 종업원과 마찰이 잦았습니다. 장사는 둘째치고, 그만두는 종업원마다 나가서 주인 욕을 하고 다닙니다. 그러고 나니 이제는 사람이 제일 무섭다고 합니다.

이렇게 구분상가를 분양받아 수십만 원 하는 관리비, 치솟는 대출이자를 내기 위해 장사를 시작하는 상가 소유자는 헤아릴 수 없이 많습니다.

분양대행사에서 일하는 지인이 상가 분양 관련 부동산 중개사무소를 찾아오겠다는 것을 필자가 "봉 잡아서 바가지 씌워서 떠넘기면 그 책임을 어찌 지려고 하냐?"라고 하며 못 오게 했습니다. 이렇게 구분상가를 매수해서 어마어마한 고통을 감내하며, 피눈물을 흘리는 매수자들, 특히 은퇴하신 60대들을 보면 너무나 안타깝습니다.

그런데 이 문제를 파고 들어가면 LH 한국토지주택공사가 있습니다. 대체 왜 주택 공급을 하라고 했더니 상가를 넣게 해서 땅을 고가에 분양하는 것인지 이해를 할 수가 없습니다.

상업지역을 정해놓고 그렇게 비싸게 사고팔게 했으면, 아파트에는 상가를 못 넣도록 해야 하는 것이 아닐까요? 공공택지로 분양했으면 공공의 목적에 맞도록 짓게 해야 하지 않는가 이 말입니다. 제발 LH 한국토지주택공사가 직접 임차인을 들이고 운영했으면 좋겠습니다. LH 한국토지주택공사가 고분양가로 땅을 파니 시행업자들이 죄다 건축비가 안 드는 구분상가를 만들어내는 것입니다.

부동산은 근본이 땅입니다. 부동산 투자는 땅에 투자하는 것이라고 해도 과언이 아닙니다. 그래서 필자는 땅을 딛고 있는 건물을 사야 한다고 줄곧 말씀드리는 것입니다. 구분상가는 온전한 내 땅이 없기에 온전한 사용수익권을 행사하기 힘듭니다. 소유주가 직접 운영한다고 마음먹고 매수해야 적정가가 눈에 들어옵니다. 수익률을 맞춰서 매매가격을 맞춘 상가를 매수하면 장사하는 임대인이 됩니다.

PART
04

부동산을 공부해야
세상을 알 수 있다 2

01

전세와 월세 사이
경계에서

전세와 월세 사이, 그 경계에는 언제든 떠날 수 있는 자유로움이 있습니다. 그것이 없으면 전세이고, 있으면 월세입니다. 큰딸과 얼마 전, 전세 사기 관련 근간의 사건 사례를 이야기하면서, 필자가 미혼일 때의 이야기를 해주었습니다.

필자는 1994~1996년 지방에서 직장생활을 했는데, 당시에는 연탄보일러가 있는 방 하나에 살았습니다. 수많은 세입자가 공동으로 사용하는 마당 수도, 재래식 화장실이 1개 있는 곳을 보증금도 없는 사글세로 전전하며 옮겨 다녔습니다. 1996년부터는 1평도 되지 않는 고시원(보증금 없는 월세 10만 원)에서 1년간 보내면서 잠잘 때는 책상 위에 의자를 올려야 잘 수 있었습니다. 방을 다시 구해 옮겨 다닐 때는 짐을 군대에서 쓰던 더블백 하나에 다 넣어서 다녔습니다. 당시에는 그것이 당연하게 느껴졌는데, 지금 와서 돌아보면 참 지독하게 살았다고 생각하게 됩니다.

하지만 20~30대의 결혼하기 전 시기에는 운동하고, 공부하며 월급 받는 돈을 아껴서 종잣돈을 모아야 하는 시기입니다. 즉, 주거공간은 한 평 되는 공간이라도 내 몸만 들어가면 되는 것으로 족합니다.

전세제도의 위험

어느 날, 공무원인 신혼부부가 제 중개사무소를 방문해서 전셋집을 구한다고 했습니다. 근방 아파트단지, 중개사무소에서 전세로 나온 매물이 하나도 없다고 하니, 다가구주택이나 단독주택을 알아보러 온 것입니다. 마침 신축이고 방 3개인 전세가 있어 집을 보여주었는데, 자꾸 아파트 이야기를 했습니다. 그래서 대출을 받아서 아파트를 매수할 것을 권유하니 대출이 무섭고, 매수한 아파트값이 떨어질까 두렵고, 더구나 세금 때문에라도 절대 집은 사지 않을 것이라고 했습니다.

전세제도를 1970년대에는 '도지'라고 했습니다. 당시 시골에서 광역시로 전학 붐이 일어나 저도 동생들과 함께 광역시 초등학교로 전학했습니다. 당시 방 2개, 거실 있는 도지 250만 원으로 화장실 1개를 5가구의 세입자가 공동으로 사용했습니다. 그 250만 원은 아버지의 전 재산이었습니다. 아버지는 도지로 사는 것은 곧 내 집과 마찬가지라는 신념을 가지고 계셨습니다.

　그러나 아버지의 화물주차장 사업이 1980년대에 택배회사의 등장으로 급격히 기울었습니다. 1980년대 고도의 경제성장을 맞으면서 화폐가치가 하락했고, 쌀값이 기준이던 당시 물가가 급등했으며, 광역시의 땅값이 폭등했습니다. 도지 전 재산은 순식간에 사글세로 전환할 수밖에 없었고, 동생과도 뿔뿔이 흩어져 살 수밖에 없게 되었습니다. 도지 250만 원이었던 아버지의 전 재산은 필자가 고등학교 다닐 때쯤 다 사라졌습니다. 그때 전세(도지)는 참 무서운 것이라고 느꼈습니다.

　자본소득을 아직 가지지 못한 신혼부부가 대출로 집을 살 수 있음에도 전세로 다니는 것은 어찌 보면 굉장히 위험합니다. 자본주의 사회의 근본은 돈이고, 돈의 가치는 필연적으로 자본의 성장 및 인플레이션과 맞물려 떨어질 수밖에 없습니다. 전세로 사는 것은 자본의 성장에 따른 돈의 가치하락 구조를 너무나 모르는 위험한 생각입니다. 부동산 소유권을 가져야 하는 가장 큰 이유는 무엇보다 나와 내 가족을 지켜야 하기 때문입니다.

전세 사는 것은 자유를 속박당하는 것이다

　앞서 말했듯 전세 사는 것은 자유를 속박당하는 것입니다. 종잣돈을 모으기 전까지 월세로 살며 자유로운 것이 좋다고 생각합니다. 왜 수천만 원, 수억 원이나 하는 전세보증금에 자신을 속박하려고 하십니까? 인생 최고의 선이고, 가치입니다. 어느 누구에게도 속박되지 않는 자유로움에 있습니다. 특히 청년들의 꿈과 열정은 자유로움에서 시작합니다. 언제든 짐을 챙겨 떠날 수 있는 월세를 사시라고 말씀드리고 싶습니다. 고시원이면 어떻고, 지하 단칸방이면 어떤가요? 그래서 누구에게도 휘둘리지 않는 자신만을 위한 자유를 얻을 수 있다면 그것이 낫다고 생각합니다.

다시 말씀드리지만, 종잣돈을 모으기 전까지는 무조건 월세로 사십시오. 주택청약통장을 만들어 무주택기간을 늘려서 가점점수를 올리고, 조세특례법상 양도세 감면 규정이 신설되는 시기까지 참고 견디며 기다리십시오.

전세 사기 관련 대안들(전세보증보험과 임차권 등기)

'말 한마디로 천 냥 빚을 갚는다.' 이것은 옛날이야기입니다. 이제는 말로는 한 냥 빚도 못 갚습니다. 백날 말로 떠드는 것, 문서화되지 않은 말로 하는 약속은 해봐야 아무런 쓸모가 없는 공염불 꽹과리 소리에 불과합니다. 공부를 대학까지 16년이나 하는 이유는, 바로 말을 글로 바꾸는 힘을 기르기 위해서입니다. 그 힘은 구체적으로 실천 가능한, 즉시 실력행사 가능한 문서를 현실화하는 것입니다. 그러기 위해서는 끊임없이 공부해야 합니다. 전세 사기 관련 대안도 실력행사 가능한 문서를 만드는 것이 핵심입니다.

첫째, 전세보증보험 가입이 되는 주택을 계약하는 것입니다.

전세보증보험 가입 전제조건은, 당해 전세 물건지 단독(다가구)주택 건물 공시가격(아파트, 다세대는 공동주택공시가격)이 즉, 근저당채권최고액과 선순위 보증금 합계액, 본인의 전세보증금이 126% 이내에 들어와야 주택도시공사(HUG)의 보증서가 발급됩니다. 단독주택, 다가구주택, 다중주택의 경우 주택공시가격의 120% 안의 범위에서 계산해야 합니다.

주택공시가격의 126%는 10억 원일 경우를 예시하면, 다음과 같습니다.

일차적으로, 60% 안의 범위(6억 원)에 선순위 근저당채권최고액이 들어와야 합니다.

이차적으로, 80% 안의 범위(8억 원)에 선순위 근저당채권최고액과 다른 세입자들의 보증금합계액이 들어와야 합니다.

3차로는 100% 안의 범위(주택공시가격의 126% 범위 내 10억 원)에 이 2차 80%에 본인의 전세보증금을 더한 합계액이 들어와야 합니다.

둘째, 전세권을 설정하는 방법을 들 수 있습니다.

전세권을 설정하면 등기사항전부증명서(이하 등기부등본)상 전세권 설정 등기 표시가 됩니다. 전세기일 종료 시 전세금을 미반환하면 즉시 경매개시결정을 등기할 수 있는 장점이 있으나, 집주인이 꺼리는 경우가 대부분입니다.

전세권 설정 시 주의할 점은 단독주택, 다가구주택일 경우 건물에만 전세권을 설정할 것이 아니라, 토지와 건물 등기부등본 모두에 전세권 설정이 되어야 합니다. 그래야 경매가 되더라도, 토지 건물 일괄 경매 시 토지 건물분 총낙찰가에서 배당을 받게 됩니다.

셋째, 전세금 미반환 시 기간 종료 즉시 임차권 등기를 할 수 있습니다.
사후처방 방법으로 임차권 등기를 하면 대항력이 유지되고, 이사를 나갈 수 있습니다. 임차권 등기와 동시에 전세금반환 청구의 소장을 제출하면, 소장 도달 즉시 전세금을 반환받는 날까지 연 12%의 이자를 임대인이 물게 됩니다. 임차권 등기를 하는 것은 사후처방으로 실효성이 확보되기 어려운 단점이 있습니다. 전세금반환청구의 소를 제기해서 확정판결문을 가지고, 다시 강제집행을 해야 합니다. 시간과 비용이 들고, 경매 신청 시 낙찰가 범위 내에 전세보증금이 들어가지 못하면 전세보증금을 날리게 됩니다.

02

은퇴 준비는 아파트보다 건물이다

건물주들의 공통점은 오래 산다는 것입니다. 장수합니다. 필자 역시 보유했던 건물 2채 모두 매도자이자, 전 소유자가 80대 후반 노인이셨습니다. 돌아가신 부친이 살아계셨으면 93세이시니 모두 아버지 연배이거나 작은아버지 연세의 분들이십니다.

어느 날, 부동산 관련 상담을 위해 딸의 초등학교 친구의 어머니가 찾아오셨습니다. 서울에 처음 올라와 필자가 살던 집 맞은편 상가주택에 시부모님과 함께 살고 있었습니다. 시부모님은 영등포의 건물주십니다. 빌라 업자에게 그 건물을 40억 원에 팔았고, 그곳에는 오피스텔이 들어섰습니다.

시아버지가 부동산으로 상당한 부를 일군 것은 알고 있었는데, 지금도 역시 건물을 2채 보유하고 있다고 합니다. 부인분이 돌아가시고 홀로 계시는데, 필자가 추정해보건대 그 건물 2채에서 나오는 월세가 최소 1,000만 원은 넘을 것 같았습니다. 연세가 90세가 다 되시는데 끊임없이 월세가 나오니 증여나 상속 문제를 꺼내지 못하고 있다고 합니다.

필자가 꼬마빌딩 상가 건물을 은퇴 전에 투자해야 한다고 강조한 것은 기본적으로 아파트를 1채 이상 보유한 분들에게 한 이야기입니다.

다주택자이기보다는 주택 수에 포함되지 않는 꼬마빌딩 올근생 건물, 건물주가 되어야 한다는 것입니다. 기본 아파트 1채를 가지고 있으면서 아파트 거주의 편리함을 포기하지 못하는 분들에게 권하는 이야기였습니다.

그러나 필자 또래인 50대의 대부분이 전 재산은 아파트 1채뿐입니다. 이런 경우라면 집을 줄여서 아파트에서 나와야 합니다. 아파트 가격이 따라잡을 수 없을 정도로 너무 올라 있습니다. 이제 어깨를 넘어서고 있는 시점에 투자를 들어가는 것은 위험합니다. 특히, 50대 중후반 은퇴를 앞두거나 은퇴한 퇴직자가 돈 한 푼 나오지 않는 수십억 아파트를 거주용으로 깔고 있는 것은 비효율적인 투자입니다.

1주택자 포지션으로 간다면 구축 건물을 사서 리모델링하거나 상가주택, 다가구주택으로 신축해서 월세가 나오는 수익형으로 전환해야 합니다. 주인세대에 거주하며 월세 나오는 현금흐름을 빨리 만들어야 합니다. 건물주가 꼭 꼬마빌딩, 상가 건물주를 말하는 것은 아닙니다. 아파트 1채가 전 재산인 50대들은 아파트를 정리하고 다가구주택, 상가주택 건물주가 되십시오. 그것이 최선입니다.

  건물주가 장수하는 이유는 매달 나오는 월세라는 현금흐름에 있습니다. 매달 일정하게 나오는 월세의 힘은 건물주에게 유형적·무형적인 힘을 가져다줍니다.

03

재건축·재개발과
용적률

모든 부동산 투자의 꽃은 시행사업입니다. 즉, 재개발·재건축으로 인한 기존 건물 멸실 후 신축 건물을 완성하는 것입니다. 서울 시장 선거에서 오세훈 후보가 당선되었을 때 재건축 대상 아파트가격이 상승한 것은 누구나 예측했던 부분입니다.

재건축이든, 재개발이든 핵심은 용적률이라는 것에 주목해야 합니다. 면면을 들여다보면 죄다 1종, 2종 일반주거지역을 3종으로 바꾸는 것입니다. 잠실 주공5단지 아파트도 35층이냐, 50층이냐의 갈림길에서 아주 오랫동안 지체되었습니다. 당시 잠실 주공5단지는 3종 일반주거지역이 아니라 준주거지역으로 종을 상향하자고 했습니다. 어떤 곳은 2종, 3종인데 어떤 곳은 준주거지역으로 한다면 형평성 문제가 불거질 수밖에 없고, 진행하는 내내 시끄럽고 말이 많을 수밖에 없습니다.

결국은 처음부터 끝까지 돈 이야기입니다. 묻지도 따질 것도 없이 무조건 용적률을 올려서 높이 짓자는 것입니다. 일반분양을 많이 해서 조합원분담금을 줄이고 사업수지를 높이겠다는 것이지요.

재건축·재개발은 아주 단순하게 생각하면 됩니다. 3종 일반주거지역으로 종상향시켜 일반분양을 늘려 조합원분담금을 줄이는 것이 최우선 목표입니다. 재건축·재개발은 공통적으로 부동산 활황기에 관리처분을 받고 일반분양 받아야 합니다. 감정가를 많이 받을수록 당연히 조합원들이 유리합니다.

반면, 부동산 침체기에는 일반분양을 하면 모조리 미분양입니다. 멀리 볼 것도 없이 마포 래미안푸르지오가 본보기입니다. 재개발 아파트는 일반분양 시기를 어쩌다 잘못 만나면 조합원들이 너무나 힘듭니다.

다시, 현시점으로 돌아와보겠습니다. 재건축 아파트 가격이 오르면 얼마나 오를까요? 그만 가만히 놔두었으면 좋겠습니다. 미리 결론을 제시하자면 공동개발을 하는 것은 나이 60세가 넘어서면 손대지 말아야 합니다. 한마디로 투자 금지입니다. 뒤늦게 뛰어든 조합원은 별로 먹을 것이 없다고 감히 단정 지어 조언하겠습니다.

2015년, 아내가 부동산 투자를 열심히 공부하기 시작했습니다. 그때는 7년간 침체기에 빠져 있던 서울 부동산이 우상향으로 방향을 틀던 시점입니다. 아내는 강남 은마 아파트를 가보고 싶다고 했습니다. 당시 은마 아파트에 방문해서 사진을 수십 장 정도 찍어서 저에게 카카오톡 메시지로 보낸 적이 있습니다.

밤늦게 도착했길래 물어보니 은마 아파트뿐만 아니라, 대치동 쌍용 아파트도 다녀왔다고 합니다. 아내는 전자보다 후자가 더 좋았다고 말했던 것 같습니다. 그때 필자는 이렇게 말했습니다.

"도대체 재건축한다고 말 나온 지 10년이 넘도록 조합설립인가도 못 받은 아파트를 언제 재건축하겠어? 혼자 살기도 힘든 인생에 나이 들어서 뭐하러 남하고 동업하려고 해?"

공동개발하는 곳에는 투자하지 마십시오. 짧은 인생이고 혼자서도 갈 길이 멉니다. 나이 들어 재건축·재개발에 뒤늦게 뛰어드는 것은 위험합니다. 나이가 50대에 들어섰다면, 부동산 투자는 무조건 단독개발이 정답입니다. 나이가 그 이상이라면 더 말할 것도 없습니다.

기억하십시오. 재개발·재건축과 같은 공동개발보다 단독개발이 정답입니다. 재개발·재건축은 동업하는 부동산 시행사업입니다. 단독으로 혼자서는 아무것도 할 수 없습니다. 나이 들어 노후에는 편히 잘 살아야지요. 왜 남에게 내 재산을 위탁합니까? 자신의 땅을 단독개발해서 마음대로 살아야지요.

나이 들어서는 직장 은퇴 후 나만의 것, 내 손에 모든 것을 장악할 수 없는 것은 손대지 말고 뛰어들지 말아야 합니다. 그래서 필자는 블로그를 통해 단독 소유의 땅을 가져야 한다고 여러 차례 이야기하고 있습니다. 그래도 재개발·재건축에 투자해서 새 아파트를 가지고 싶다면, 사업시행인가 후 들어가는 것이 좋다고 생각합니다.

1. 잠실 주공5단지 아파트

재건축 붐이 일어나던 2000년도 초 계약 후 잔금 전 3개월 만에 매매가격 대비 2억 원이 올랐습니다. 계약금 배액 배상하겠다는 매도자가 잔금 날 나타나지 않았습니다. 이후, 매수가 대비 5억 원을 넘어 8억 원대로 들어선 것이 5개월 만이었습니다.

15여 년이 지난 2017년에 필자는 주민보고회를 앞두고 재건축 조합원 사무실을 찾아가게 되었습니다. 당시 시세 15억 원을 넘어서며 사업시행인가를 목전에 둔 시점이었습니다. 가칭 주민보고회(재건축 관련이 아님) 후, 한 달도 채 되지 않아 실거래 17억 원이 터지며 재건축발 강남 아파트 가격 상승이 본격적으로 시작되었습니다.

여기서 주목해야 할 것은 15년 동안 8억 원에서 15억 원으로 7억 원이 올랐다는 것입니다. 2008년 금융위기부터 2015년까지 실거래 시세에 관해서는 확인해보시면 아실 것입니다. 7년 동안 잠실 주공5단지 아파트 시세는 말할 것도 없고, 서울 이름난 재건축이든, 신축이든, 분양 아파트든 모조리 초토화되었습니다. 줄곧 내리막을 타다가 15억 원으로 올라선 것은 2017년부터입니다. 재건축·신축·구축 모두 똑같습니다. 오를 때 같이 오르고, 내릴 때 같이 내립니다.

2. 마포 뉴타운 재개발

지인이 2006년에 마포 뉴타운으로 지정된 구축을 매수한 후 외국으로 떠났습니다. 6년 뒤 한국에 돌아오니 매수가 대비 30%가 하락해 있었습니다. 아마 한국에 있었다면 견디지 못하고 매도했을 것입니다.

매수가 대비 시세 40%까지 줄곧 하락하다 2014년부터 오르기 시작하더니 조합설립인가부터 사업시행인가까지 일사천리로 진행되었습니다. 매수가 대비 프리미엄 6억 원이 형성된 상황에 2021년에 관리처분인가가 났습니다.

이 두 사례를 든 이유는 단 하나의 결론을 내기 위해서입니다. 재개발·재건축 모두 부동산 시장의 흐름에 내 돈을 맡겨야 한다는 것입니다. 자신이 독자적으로, 독립적으로, 마음대로 할 수 있는 것이 하나도 없다는 것을 아셔야 합니다.

부동산은 무조건 싸게 사서 비싸게 팔아야 합니다. 나이 50대 중후반, 60대에는 단독시행사업을 하는 자기 땅에 자기 마음대로 시행사업을 할 수 있는 자기 땅을 확보해야 합니다. 거듭 말하지만, 사업시행인 가를 왜 남과 동업해서 하려고 하나요? 자기 땅에 자기 건물을 지으며 건축허가를 받아야 합니다. 왜 재개발·재건축 동업 협정을 맺어서 남 들과 같이하는 공동사업체에다 내 재산을 위탁하려고 하십니까?

철저한 자본주의 사회인 대한민국에서 그렇게 하는 것은 손해입니 다. 이런 맥락에서 필자는 재개발·재건축에 목을 매는 것이 잘 이해가 되지 않습니다. 부동산 시장의 흐름이 하락기에 접어든 정확히 2008년 8월부터 2014년까지는 재개발·재건축은 가히 어둠의 암흑기라고 하 지 않을 수가 없었습니다. 내 마음대로 할 수 있는 내 땅을 사서 건축하 십시오. 윤허를 받듯이 받는 사업시행인가를 기다리지 말고, 건축허가 를 받아서 내가 바라는 집을 지으면 됩니다.

재개발·재건축은 공동개발입니다. 공동개발하지 마시고 단독개발하 는 자기 땅, 자기 건물을 가지십시오.

04

부동산은 무조건 싸게 사서
비싸게 파는 것이다

2013년 아파트 청약에 당첨된 이후 2016년 입주 시기가 다가오면서 제 모든 것이 바뀌었습니다. 3년간 프리미엄이 붙은 것은 1억 원이 채 되지 않았으나, 입주를 앞두고 분양가 5억 8,300만 원인 아파트를 대출 4억 8,000만 원을 받으면서, 내 돈 1억 원을 투입해 아파트 소유권을 이전등기했습니다.

이때, 내 돈으로만 아파트를 사는 것이 아니라는 것을 깨달았습니다. 은행 대출을 신청하며 내 뒤에 대기하던 분들이 대출한도 맥시멈으로 신청하는 나를 보고 모두 놀라서 뒤에서 수군거렸습니다. 대출 4억 8,000만 원을 어쩌자고 대출을 받느냐고 말입니다. 나중에 대출심사 담당자 말로는 총 1,000세대 아파트에 맥시멈으로 대출받은 사람은 필자가 유일했다고 합니다. 26년간의 직장생활을 청산할 수 있겠다는 자신감이 처음으로 든 시기였습니다.

　2013년 당시 아파트 청약 시장은 마음 놓고 골라잡으라고 할 수 있을 정도였습니다. 그래도 분양가가 싼 것을 최대한 고르고 또 골랐습니다. 마포, 강동, 송파, 최고의 입지들에 분양가상한제가 있는 것이 아닌데도 서로 최저가 분양가를 내걸고 경쟁적으로 구축 아파트보다도 값이 싼 분양가를 내걸었습니다. 마포 래미안푸르지오가 당시에도 미분양을 못 털어 안간힘을 쓰고 있던 시절이었습니다.

　부동산은 싸게 사서 비싸게 파는 것입니다. 싸게 사는 것은 누구나 할 수 있습니다. 그러나 비싸게 파는 것은 아무나 할 수 없습니다. 비싸게 사는 것도 누구나 할 수 있습니다. 그러나 비싸게 사서 비싸게 파는 것은 아무나 할 수 없을 뿐 아니라 거의 확률상 일어날 가능성이 희박합니다. 특히 아파트는 비싸게 사면, 비싸게 파는 것은 불가능하다고 봅니다. 지금은 세금 내다 진짜 볼 장 다 보게 됩니다. 그래서 아파트 시장은 정말 저평가된 서울 주요지 아파트 말고는 지금 매수하기에는 너무나 위험한 상황이라는 것을 말씀드리고 싶습니다.

　부동산은 언제 얼마에 사느냐는 것이 중요합니다. 앞서 영등포 건물을 취득세 포함해서 14억 원대, 근생 꼬마 건물을 취득세를 포함해서 1억 원을 가지고 매수한 사례를 말씀드렸습니다. 무리하게 매수한다고 열에 아홉은 고개를 저으며 이해가 안 된다고 했습니다. 왜 아파트 공동담보대출까지 끌어들였는지 이제야 말씀드리지만, 돈이 없어서 관망

하다가 갑작스럽게 경쟁자가 나타났기 때문이었습니다.

시행사에서 평당 6,000만 원대 땅 작업이 들어와서 인근 필지까지 지주들 작업을 순식간에 했다고 했습니다. 시행사들은 집주인 땅에 작업을 들어가면 통상 매매대금 계약금의 3%를 내고, 동시 매수에 들어갑니다. 3%의 현금으로 계약서를 쓰고 바로 PF대출로 인근 필지까지 한 달 내로 동시 이전등기를 합니다. 가용현금이 1억 원밖에 되지 않는 상황에서 선택지는 레버리지를 총동원하는 수밖에 없습니다.

부동산은 무조건 싸게 사서, 비싸게 파는 것이라고 해도 매수하는 부동산 값이 싸다는 것을 스스로의 힘으로 알아야 합니다. 누가 뭐라 해도 나의 길을 뚜벅이처럼 갈 힘을 스스로 길러야 합니다. 비싸게 팔기 위해서는 스스로의 힘으로 끊임없이 연구하고 노력해야 합니다.

아파트는 시장의 흐름에 올라타지 않으면, 그냥 비싸게 내놔서는 절대 나 자신의 힘으로 팔기 어렵습니다. 아파트는 자신의 경쟁자가 너무나 많습니다. 시장 흐름이 꺾이고 안 팔리기 시작하면, 1년 12달 내내 한 사람도 집 보러 오는 사람이 없습니다.

그래서 땅을 딛고 있는 건물을 가져야 합니다. 건물은 내가 부르는 매도호가가 시장가격이 됩니다. 대출이자도 소유권자가 내는 것이 아니라 임대료를 받아 내기에 신경 쓸 것도 없이 건물은 스스로 굴러갑니다. 하락기에도 단독개발 가능한 땅은 한 번도 하락한 적이 없습니다.

05

부동산 최고수는
누구인가?

2022년 통계청 가계금융복지조사 결과에 따르면, 대한민국의 상위 1% 부자는 순자산 32억 7,920만 원을 보유한 사람들로 보고되었습니다. 다음 부동산 소유자 중 부동산 최고수는 누구일까요?

① 강남 재건축 아파트 소유자
② 단독 건물주(단독주택, 상가주택, 상가 건물주)
③ 시행사 디벨로퍼
④ 소유한 건물 전체를 공실로 만들어 시행사 디벨로퍼에게 매도하는 자

필자가 생각하는 정답은 ④번입니다.

하지만 얼마 전까지는 ③번이 최고수라고 생각했습니다. 실제 시행

사를 운영하는 디벨로퍼를 부동산 최고수로 알고 있는 분들이 많으실 것입니다. 그러나 디벨로퍼는 가장 리스크가 큰 투자자입니다. 계속 구축 건물을 땅값만으로 매수해야 한다고 강조한 이유는 현금의 유동성에 따른 리스크 때문입니다.

값싸게 매수해서 건물을 공실로 만드는 이유는 디벨로퍼 시행사에 팔기 위해서입니다. 그러나 문재인 정부 때 서울에 개발이 가능한 주요지 땅값은 엄청난 대폭등을 했습니다. 시행사들은 땅을 사서 보유할 틈을 가질 수가 없었습니다. 땅값이 너무 오르면 시행사들은 땅을 사놓을 수 없습니다.

매수 후 잔금 즉시 멸실하고 착공을 들어가지 못하고, 명도 문제로 우물쭈물하다가는 대출해준 은행이 얼마 되지 않아 경매로 넘겨버릴 수밖에 없습니다. 언론에서 아파트 가격만 가지고 이야기하니 아파트 가격만 올랐다고 느껴지지만, 아파트 가격이 오른 것은 오른 것도 아닙니다.

이유는 다음과 같습니다.

1. 임대차법의 강화

문재인 정부 때부터 상가 건물임대차보호법, 주택임대차보호법까지 강화되어 상가 10년, 주택 4년으로 임차인 명도가 갈수록 어려워지고 있습니다. 임차인 명도가 갈수록 어려워지니 개발하려고 해도 명도가 쉽지 않습니다.

2. 디벨로퍼, 시행사의 어려움

원자잿값, 인건비 상승으로 계속해서 사업체를 가동해야 하는 시행사들이 어려움을 겪고 있습니다. 명도가 되지 않은 건물을 시행사 디벨로퍼가 매수할 수는 없습니다. 점유 임차인들이 시행사가 신축하려고 매수한 것을 알게 되면, 그때부터 명도비용으로 억대를 요구하며 죽어도 못 나간다고 하는 경우가 허다합니다. 임차인들은 이른바 땡잡았다고 생각합니다. 실제, 수십억 원의 명도비를 주는 사례들이 곳곳에서 나오고 있습니다. 그래서 공실이 되어 있는 건물을 포장한 땅을 찾는 것입니다.

3. 개발 가능한 면적 확보의 어려움

시행사에서 눈여겨보는 개발 가능한 대지는 역세권 코너, 2, 3종 주거지역은 최소 90평, 준주거 상업지역은 60평입니다. 그러나 이런 면적의 땅이 서울 역세권에 거의 남아 있지 않습니다. 잔금청산 소유권이 전등기 즉시 착공해야 하는 시행사 입장에서 개발 가능한 땅을 찾다가 볼일 다 보게 됩니다. 정말 찾아도 임차인이 층마다 다 점유하고, 명도비가 수십억 원이 드는 건물은 그림의 떡이 될 수밖에 없습니다.

결론적으로 부동산 최고수는 건물을 통째로 디벨로퍼에게 즉시 개발 가능한 나대지 상태로, 즉 공실로 만들어 매도하는 건물주입니다. 그래서 구축 30년 이상 된 구질구질한 공실이 난 건물을 매수해야 하는 것입니다. 인근 필지까지 점차 매수해서 합필 개발이 가능한 대지면적을 확보하고, 점유 임차인을 명도해서 전층 공실을 만들어내는 건물주가 부동산 최고 고수입니다.

시행사가 원하는 매도 호가를 받지 않는다면, 본인이 직접 시행하면 됩니다. 땅만 있으면 내 돈 한 푼 들이지 않고 건물을 지을 수 있습니다. 건물은 은행에서 전액을 대출받아 은행 돈으로 지을 수 있습니다. 내 돈으로 짓지 않아도 됩니다. 땅을 가져야 진짜 가진 자가 될 수 있습니다.

06

아파트 투자는 부동산 부자의 첫걸음
– "부채 포함 총자산을 키우세요"

부동산 투자로 개인이 대한민국 부호가 되는 첫 지름길은 무조건 아파트부터 시작해야 합니다. 은행 부채를 늘리고 또 늘려서 총자산을 키우는 것입니다. 대한민국 부동산 부자들은 반드시 다음의 3단계를 거쳐야 합니다.

1단계 : 아파트 등기

부동산 부자가 되려면 최우선으로 아파트 등기를 해야 합니다. 이후에 최종 부동산 투자의 정점은 바로 건물을 포장한 내 땅의 자기 건물을 가지는 것이라는 것을 반드시 기억하십시오. 부동산 투자는 서울 3대 도심지에 내 땅을 가지는 것이라고 머릿속에 각인하시기를 바랍니다. 개발이 가능한 땅의 면적 확보는 필수입니다. 주거지역 90평 이상, 준주거지와 상업지역 60평 이상은 불멸의 공식입니다.

그 첫 단계는 아파트입니다. 아파트 등기를 하지 않은 자는 절대 부자의 길에 접어들 수 없습니다. 묻지도 따지도 말고 아파트 등기를 해야 한다고 생각하시면 됩니다.

필자는 분양가 5억 8,000만 원의 아파트를 보유 현금 1억 원에 4억 8,000만 원의 대출을 일으켜 마련했습니다. 이 아파트를 담보로 총 4억 원의 돈을 가지고, 서울 도심지 3채의 건물을 추가 매입했습니다. 5,000만 원으로 42평 마포 아파트를 전세 끼고 매수했습니다. 3억 5,000만 원 현금으로는 7억 3,000만 원, 마포 상가주택을 매수했습니다.

5억 8,000만 원으로 분양받은 아파트는 너무 좁아 전세 6억 원에 맞추었습니다. 전세보증금으로 근저당 3억 원을 갚고, 3억 원을 가지고 대출을 더해 42평 위례 아파트를 매수할 수 있었습니다. 아이가 셋이다 보니 방이 4개인 아파트가 필요했고, 신축 아파트에 눈을 뜬 아내가 대담하게도 덥석덥석 아파트를 매수했지요.

2단계 : 아파트를 담보로 총자산 불리기와 추가 부동산 매입

아파트를 매입했다면 그 아파트를 담보로 총자산을 불려야 합니다. 추가로 부동산을 매입합니다. 아파트 1채를 매입 후 사는 전세금으로 상가주택을 매입하세요.

상가주택은 실거주하며, 시세차익과 대출이자 상환까지 함께 양수 겸장 할 수 있는 최상의 투자처입니다. 아파트를 공동담보로 제공해서, 최소한의 투자금으로 상가주택에 실거주하는 방향으로 나아가세요. 2주택으로 취득세가 중과되는 것은 크게 신경 쓰지 않으셔도 됩니다. 주택 부분만 중과됩니다.

3단계 : 건물 매수

마지막 3단계는 건물 매수입니다. 최우선 전제조건은 개발 가능한 대지면적이 확보되는 땅입니다. 주거지역은 반드시 6m 이상 도로를 낀 서울 3도심 12지역 건물을 찾고 또 찾아야 합니다. 비싸다 싶더라도 어쨌든 찾고 또 찾으십시오. 당장은 자금 확보가 안 되어서 30평 이하 작은 땅을 사더라도 옆 필지까지 매입 계획을 세우고 들어가야 합니다. 반드시 30년 이상 구축 건물을 매수해야 합니다. 이후 옆 필지를 추가 매입할 수 있는지를 가늠해야 합니다.

만약 개발 가능한 옆 필지를 매수하지 못했을 때 건물 가치는 구분상가와 다름없게 됩니다. 즉, 수익률에 맞춰 팔 수밖에 없습니다. 다시 말해서 개발이 불가한 꼬마빌딩을 잘못 매수하면 구분상가 투자보다도 못한 결과를 가져옵니다. 제값 받고 팔 수 없다는 이야기입니다.

세상은 참 공평한 것 같습니다. 부동산 투자자 중 누구도 시행과 시공을 함께 다 해서 돈 번 자는 극소수에 불과합니다. 왜냐하면, 돈이 돌아가야 하기 때문입니다. 건물을 짓는 것도 땅 주인의 마음이고 의지입니다. 개발 가능한 면적의 서울 도심지 땅값은 지속해서 상승할 것입니다. 가치는 영원불멸입니다.

건물을 짓는 시공사는 이윤이고 뭐고, 무조건 공사를 따내야 회사가 돌아가기 때문입니다. 시공사 중 자기 땅 가지고 부채 없이 계획 잡고 건물 짓는, 제대로 돌아가는 회사는 단 하나도 본 적도 없습니다. 앞으로도 없을 것입니다.

거듭 말하지만, 땅이 있어야 건물을 지을 수 있습니다. 서울에서 역세권 단독개발이 가능한, 단독 소유의 땅을 가진 자는 누구의 간섭과 통제, 규제를 벗어난 진정한 자유를 가진 대한민국의 부자라고 할 수 있습니다.

대지면적이 작은 소형 꼬꼬마빌딩을 멋모르고, 남들 이야기에 혹해서 매입하지 마십시오. 건물주 된다고, 그냥 신축이라고, 수익률 높다고 덥석 물지 않으셔야 합니다. 기성 건물 멸실 후 개발 가능한 대지도 안 되는 근생 꼬마 건물은 수익률에 따라 매매가격을 책정하는 구분상가와 다름없다는 것을 꼭 기억하십시오.

이제는 신축 시 상가 대비 주거 비율이 반수 이상 넘어가지 않으면 건축비 대출, 즉 PF대출이 되지 않습니다. 얼마 전만 해도 죄다 올근생으로 신축한다고 대출을 토지담보대출로만 건축자금비까지 제2금융권에서 PF대출로 90% 가까이 해주었습니다. 하지만 지금은 상업용 빌딩이나 올근생 건물이 사업수지가 나오지 않는다고 판단합니다. 즉, 올근생 건물은 리스크가 너무나 크다고 금융권에서 판단하고 있어서 대출 요건이 까다로워졌습니다.

여기서 반드시 짚어두어야 할 점 몇 가지를 알려드리겠습니다.

첫째, 주거용 건물로 신축 가능한 대지면적이 확보되지 않는(주거지역 90평, 상업지역 60평) 꼬마빌딩은 앞으로 팔리지 않으리라고 예상합니다. 건물 매수 시 개발 가능한 대지면적이 확보되지 않는 꼬꼬마빌딩은 절대 쳐다보지 마세요.

둘째, 구축 건물 매수 시 명도 가능한 건물인지, 명도비는 얼마나 들지를 가늠해야 합니다. 수익률 높은 건물을 항상 조심해야 합니다. 이 원칙은 구분상가도 마찬가지로 적용됩니다. 수익률 높은 건물은 가공의 임차인인지 아닌지와 보증금 월세를 지원해준다고 해놓은 것인지를 확인하셔야 합니다. 이면 계약이 있는지, 임대인에게 월세 이체 내역도 반드시 체크하세요.

셋째, 주거 비율이 높은 상가주택을 눈여겨보세요. 과거 상가주택을 지은 이유가 있습니다. 주거형 건물이 안정성이 있기 때문입니다. 주택임대차보호법, 상가 건물임대차보호법상 이제는 임차인을 모셔서 들여야 하는 세상으로 바뀌었음을 기억하십시오.

임차인을 한번 들이면 이제는 명도비를 주지 않는 한 절대 그냥 나가지 않습니다. 공실 없는 건물을 너무 좋아하지 마십시오. 구축 건물은 건물주가 직접 건물 짓지 않는 한, 이제는 전 임차인 명도를 완료해 공실을 만들지 않는 한 절대 매도가 불가능합니다.

부동산은 생물이고, 시시각각 무상으로 변화합니다. 부동산의 근본은 땅에 있습니다. 건물도 땅이 있어야 지어 올립니다. 너무나 중요한 것이라 여러 번 말씀을 드립니다. 회사 사옥으로 건물주가 직접 건물 사용하지 않는 한 올근생 건물은 지금은 위험합니다.

07

전세제도의 위험성과
부동산 공부

2023년부터 전세가 나가지 않고 있습니다. 집주인부터 내줄 돈이 없으니, 세입자도 이사하고 싶어도 나가지도 못하고 답답한 노릇입니다. 요즘은 돈 있는 집주인을 만나는 것이 인복 중 최상위 복이라는 이야기도 있습니다. 전세제도의 위험에 대해서는 앞에서 이야기했습니다. 그러니 전세로 살려고 하거나, 전세 임대를 하고자 한다면 반드시 부동산 공부를 해야 합니다.

부동산 공부는 곧 세상 공부입니다. 세상 공부를 해야만, 인간의 본성과 마음을 들여다볼 수 있습니다. 어쩔 수 없이 우리 모두는 돈을 지키기 위해서라도 법을 공부할 수밖에 없습니다. 인간의 기본 의식주의 하나인 주거 문제는 어쩔 수 없이 부딪히고 살 수밖에 없는 운명입니다.

최소한 민법총칙은 기본으로 공부해놓아야 자산을 지킬 수 있습니다. 전세금을 지키는 데는 임차권 등기가 최선이라고 합니다. 그런데 이미 임대차기간이 만료되어 임차권등기를 하는 것은 임차인이 이사 후에 법적 대항력만 유지하는 것이지, 돈을 반환받는 것과는 아무런 상관관계가 없습니다. 즉, 안전장치가 아니라는 것입니다.

임차권 등기는 일반인들이 혼자 하는 것이 버겁습니다. 누구도 알려주지 않아서 변호사, 법무사를 선임해서 대리하는 방법 외에 없습니다. 임차권 등기 전자소송을 혼자 할 수 있는 사람도 그리 많지 않습니다. 민사소송은 이행판결을 받아내서 강제집행문을 부여받지 못하면 하세월입니다.

임차권등기명령 신청과 동시에 지급명령 청구하는 방법이나, 전세금 반환청구 소송을 진행하는 것 외에 전세금을 받아내는 것은 결국 신규 전세 세입자를 들이는 것뿐입니다. 그보다 더 중요한 것은 부동산 소유권입니다. 부동산 소유권을 가지지 못하면, 세상 공부, 인생 공부를 책이나 인터넷, 유튜브로만 하는 것입니다. 현실에서는 아무런 소용이 없습니다. 진짜 부동산 투자의 시작은 종잣돈을 모아 부동산 소유권을 가지는 것입니다.

08

상가 임차인
명도 문제와 대안

    상가 임차인의 명도 문제와 대안을 함께 생각해보겠습니다. 상가 임차인임대차보호 기간을 5년에서 10년으로 한 상가 건물임대차보호법이 2018년에 발효된 후, 명도 문제로 수많은 분쟁이 발생하고 있습니다. 임대인도, 임차인도 개정 상가임대차보호법을 모르니 서로가 타협점을 찾을 수가 없는 상황입니다. 명도소송을 제기한다고 모두가 변호사를 선임한다고 야단법석입니다. 그러나 필자는 명도를 잘하는 사람을 단 한 번도 보지 못했습니다. 변호사든 변호사 할아버지가 오든, 변호사 비용이 명도비보다 더 들어가는 경우도 많이 봤습니다.

    사실 임차인 명도 문제는 왕도가 없습니다. 그렇다고 명도를 안일하게 생각한다면 큰코다칩니다. 직접 나서는 것이 가장 확실하고 현명한 방법이라고 생각합니다. 무조건 매도인, 즉 소유자가 직접 나서야 합니다.

제3자를 내세워 명도를 대리하는 사례가 많은데, 명도 경험이 없는 공인중개사, 컨설팅 업체를 중간에 끼워 넣으면 오히려 상황만 악화됩니다. 책임감 없이 훈수 두는 사람들만 늘어나는 것은 결코 좋은 상황이 아닙니다. 갈수록 시간은 지체되고 명도비는 걷잡을 수 없이 불어나게 되는 경우가 허다합니다.

부동산 투자의 최종점은 결국 개발해서 새로운 건물로 바꾸는 일입니다. 구축 건물을 완전한 공실로 만들어 시행사에 매도하든지, 소유자가 직접 개발, 신축해서 새로운 건물로 재건축하든지, 2가지 길밖에 없습니다. 신축을 위해서든, 매도하기 위해서든 무조건 임차인 명도가 최우선 전제조건입니다.

그렇다면 필자가 어디에서도 알려주지 않는 부동산 최고수들의 명도 대안을 제시해드리겠습니다.

첫째, 임대차계약서 작성 시 사전에 명도비를 특정합니다.

건물 대수선이나 재건축, 건물매각 등 사유 발생 시 임차인은 조건 없이 명도해주기로 합니다. 명도비는 보증금의 10%로 합의하고, 특약에 미리 명시해서 임대차계약서를 작성합니다. 명도비 등은 구체적으로 특정하고, 법적 근거조항으로 명시하는 것이 좋습니다. 계약서에 미리 명도비를 특정하는 이유는 굳이 돈을 들여서 제소전 화해조서를 작성할 필요가 없다는 말씀을 드리기 위함입니다.

둘째, 임차인과의 첫 만남에서 명도 99%가 결정됩니다.

명도 이야기가 나오고 첫 만남에서 결판내야 합니다. 임차인이 제시하는 명도비에서 타협점을 찾아 그날 계좌번호를 받아 즉시 50%를 송금합니다. 두 번, 세 번 만날수록 명도비는 늘어나고, 시간은 임차인의 것이고 임대인이 쓸 수 있는 카드는 없어집니다.

셋째, 명도비는 비용으로 처리됩니다.

명도비는 비용으로 처리되므로 타협이 필요할 때는 과감히 타협해야 합니다. 명도확약서와 명도비 이체확인증을 첨부하면 양도소득세 필요경비에 포함됩니다. 명도비는 전액 경비로 처리된다는 것을 기억하세요.

임차인 명도도 결국은 사람이 하는 것입니다. 부동산을 매매하려고 하면, 적은 돈에 연연해서는 큰돈을 벌 수 없습니다. 월세 100만 원을 받을 바에야 그냥 공실로 내버려두는 것이 낫습니다. 100만 원 월세를 받으려다 명도비가 몇천만 원이나 깨집니다. 과감히 적은 돈은 던지고, 큰돈을 취해야 합니다. 민사분쟁은 소송으로 가면 돈은 돈대로 들어가고, 해결은 되지 않고, 몸과 마음도 피폐해집니다. 당사자의 동의와 합의가 최선입니다.

명도확약서

임대인 : ○○○
주민등록번호 :
주소 :

임차인 : ○○○
주민등록번호 :
주소 :

1. 부동산의 표시

2. 명도비 : 금 ○○○○만 원(₩   원)

3. 위 표시 부동산에 대해 임차인은 2024년   월   일에 임대인에게
   명도해줄 것을 확약합니다.

4. 임차인 계좌번호 :

                    20○○.   .   .

                                    위 임대인   (인)
                                    위 임차인   (인)

PART

05

퇴직 전 공무원으로 본
세상과 인생 이야기

01

부동산 유치권과
점유권 쟁탈

부동산 폭락이 폭등보다 수십 배 더 무섭습니다. 사람 목숨이 왔다 갔다 하기 때문일까요? 유치권에 대해 들어보셨을 것입니다. 점유권, 채권을 넘나들며 소유권까지 넘보는 지금까지 누구도 명확한 정의를 내린 바 없는 권리입니다. 필자가 생각하기에는 완전히 사람들을 싸움 붙이려고 만든 권리라는 생각이 들 정도입니다. 필자는 민법에 유치권을 명시해놓은 이유를 아무리 생각해도 모르겠습니다. 유치권은 근본이 채권 그 이상도, 그 이하도 아닙니다. 법원도 이제 그만 싸움 붙이고 결론을 내야 합니다.

유치권 분쟁은 부동산 경기 흐름과 밀접한 관련이 있습니다. 부동산 가격 하락이 본격화된 2008년부터 2016년까지는 유치권, 즉 점유권 쟁탈의 시기라고 해도 과언이 아닐 정도로 서울 곳곳의 신축 중인 건물들이 준공도 되기 전에 유치권 분쟁이 터져 나왔습니다.

"시행사가 미분양이 되면 혼자서 죽는 거지."

사전 분양이 완판되어 시행사는 좋을지 몰라도 부동산이 폭락하면 수분양자들은 다 죽어나갑니다. 유치권 분쟁은 사람 싸움이 아니라 완전 개싸움판입니다. 은행도 유치권 분쟁에 한몫합니다. 돈도 없는 시행사업자들한테 왜 돈을 빌려줄까요? PF대출이란 것을 만들어서 돈도 없는 시행사는 큰 거 한 방에 죄다 춤을 추었습니다.

구분상가를 분양받은 수분양자들, 대부분 노후에 임대료를 받아 생활하려는 퇴직자들, 건물을 공사하던 시공사들 모두가 부동산 하락기의 뼈아픈 고통을 겪어야 했습니다. 지나고 보면 언제 그랬냐 싶지만, 유치권 분쟁을 가져온 근본 이유는 점유만 하면 유치권이 곧 소유권으로 전환된다는 그릇된 인식에서 시작되었습니다.

마포, 은평, 서대문, 동대문, 관악, 송파 곳곳이 짓다가 만 건물들로 수많은 쟁탈전이 벌어졌습니다. 불과 10년도 안 된 일입니다. 대법원 판례까지 쏟아졌습니다. 그런데 유치권에 대해 하나도 제대로 정리된 것이 없습니다. 물리적인 다툼과 그 정신적인 스트레스로 얼마나 많은 사람이 멍들었는지 모르겠습니다.

유치권에 대해 이제는 결론 내려야 합니다. 민법에 유치권 자체를 없애더라도 점유권인지, 채권인지도 모를 중간지대를 만들어놓은 것 자체가 싸움을 하게 만들어놓은 것이 아닌가 하는 생각이 듭니다.

　이제 그만 싸움 붙이세요. 필자가 내린 해결 방법은 이것입니다. 건물 준공 전 사전 분양을 전면 금지해야 합니다. 여기서 건물은 아파트는 제외입니다. 이거 하나면 유치권은 사라집니다.

02

소액 고리대출 대부업자의
형사고소장

2020년에 대부업체 대출금리 상한선을 20%로 낮추었습니다. 취지는 좋습니다만, 필자가 볼 때는 숫자로 장난치는 것으로밖에 보이지 않습니다. 대부업체든, 미등록 대부업체든 돈을 빌리는 자가 누구인가를 보는 것이 맞다고 생각합니다. 대부업체에서 고금리로 돈을 빌리는 사람들은 모두 돈 없는 서민들일 것입니다. 이 사람들이 필요한 돈은 대부분 큰돈이 아닐 것입니다.

국가에 등록한 대부업체가 관리가 잘된다고 생각하나요? 등록 대부업체에 돈을 빌리는 사람이 얼마나 있을까요? 무등록 사채업자들에게 돈을 빌리는 사람들이 대부분입니다. 이들은 돈을 받아내려고 법 테두리 안에서 무슨 짓이든 다 합니다.

필자가 공무원 현직에 근무하던 시절, 외국계 대부업체에서 소액을 서민들에게 빌려주고 돈을 안 갚는다고 사기 고소장 50여 장을 밀어 넣은 사건을 모조리 반려한 적이 있습니다. 당시 모두 100만 원에서 500만 원 사이의 소액대출 건이었습니다. 한국지사장이라는 사람(한국 사람)이 필자의 사무실로 당당하게 찾아와서 따지길래 민사소송으로 소액심판을 청구하라고 했습니다. 그랬더니, 적반하장으로 고소장을 반려했다고 청와대와 경찰청에 민원 제기하고, 저보고 문제를 제기한다고 했습니다.

그렇다고 가만히 있을 필자가 아니지요. 민사사건을 형사고소해서 돈 빌린 사람을 협박하는 행위는 엄연히 공갈죄가 성립됩니다. 필자가 고소장 접수 이후 불기소 처분이 나면, 당신 회사 대표부터 모두 무고와 공갈죄로 조치한다고 했습니다.

그러자 한술 더 뜨더군요.

"여기 말고 다른 곳이 없나? 우리 회사가 어떤지 모르시나 본데, 다른 데 가서 고소장을 접수할 겁니다."

다른 곳에서는 물론 다 받아주었고, 고혈을 쥐어짜듯 이자를 붙여 돈을 다 받아갔을 것입니다. 접수해주고 같이 겁을 준 대한민국 국가기관도 공갈죄의 공범들이 아니겠습니까? 외국 대부업체가 한국에서 벌어 가지고 간 돈이 조 단위가 넘을 것입니다. 정부가 소액대출도 못 받는 서민들을 방관하고 있을 때 외국 대부업체가 들어와 다 쓸고 지나갔습니다. 그것도 공중파 TV 방송에서 정부 등록 대부업체라고 광고까지

해대고는 완전히 수수방관했습니다.

그때는 고리대출을 해도 정부는 당시 49%까지 고리이자제한법으로 방관했습니다. 49%에서 24%, 현재 20%까지 고리이자제한법으로 이자 상한선을 내렸지만, 대부업체를 통제 가능하다고 생각하는 자체가 세상 물정을 모르는 것입니다.

대부업 등록업체를 국가에서 인정받은 것으로 만들어놓으니, 대놓고 이자놀이를 하는 것 아니겠습니까? 무등록업체니 등록업체니 만들어서 급하고 몹시 곤궁한 사람들을 숫자로 관리하는 것은 적절한 방법이 아니라는 생각이 듭니다.

은행을 이용하지 못하는 사람들에게 소액에 대해서는 대부업체의 고리이자제한법을 강화해야 합니다. 소액사건심판법 제2조 제1항에 의하면, 소액사건은 소송 목적의 값이 3,000만 원 이하의 사건으로 정하고 있습니다. 3,000만 원 이하의 소액에 대한 대출이자 제한선은 오히려, 최소한 2금융권 대출금리를 넘지 않는 범위에서 제한해야 합니다.

등록대부업이든지, 무등록대부업이든지 간에 이자 상한선을 만들어 관리할 것이 아니라, 소액의 금전 거래에 관한 이자 제한선을 두는 것이 바람직하다고 생각합니다.

03

유치권과 소유권

2000년대 초중반에는 소유권을 침탈하기 위해 벌이는 말도 안 되는 유치권 행사를 조기에 방어하지 못하면 소유권이 넘어가는 일이 비일비재했습니다. 2000년대 마포대교가 한때 유명세를 치른 적이 있습니다. 오죽하면 한때 밤에 마포대교를 다니는 것을 금지한 적도 있었습니다.

지방에서 차를 몰고 온 60대 남자는 강변북로를 타고 그 유명한 마포대교에 들어서려다가 착오로 공덕오거리로 들어서며 인생이 바뀌었습니다. 인테리어 공사를 해서 건물 가치 높여주겠다고 하며 들어와서는 공사는 하지 않고 계속 공사비 증액 요구만 하며, 가압류를 걸고 유치권 행사만 하고 있다는 것이었습니다.

조폭들이 전형적으로 쓰는 가압류를 걸고, 마지막 소유권을 집어삼키는 유치권을 행사 중이었습니다.

유치권은 돈 받아내기 위해 점유를 꼭 동반하는 물권입니다. 채권이면서 물권입니다. 유치권은 물권과의 관련성이 있어야 합니다. 이미 기성 건물에 인테리어 공사를 하는 것은 인테리어비 채권과 건물과의 관련성이 인정될 수 없습니다. 또한 점유하더라도 채권 확보 목적이므로 강제력을 동원한 점유침탈행위는 인정될 수 없습니다.

또한, 건물에 관리인과 대리인을 내세워 건물 전체를 점유하고 건물주를 내쫓았습니다. 경찰에 신고하고 검찰에 고소장을 넣어도 민사 사안이라고 불기소처분한 것입니다. 중대한 범죄행위가 이루어지고 있음에도 수사기관도 민사 사안으로 치부하고, 수사가 이루어지지 않은 것입니다.

대한민국에 유치권이 성립, 효력이 인정되는 것은 필자가 볼 때는 1%도 되지 않습니다. 소유권을 가진 자는 자신의 권리가 무엇인지, 대항하는 권리를 공부하고 대응해야 합니다.

법률가들은 법률가입니다. 자신의 소유권을 끝까지 지킬 사람은 자신밖에 없다는 사실을 알고 있어야 합니다. 결국, 60대 남자는 소유권을 지키고, 인테리어 공사업자들은 범죄단체조직 가입결성으로 징역형 처벌을 받았습니다.

04

아파트 경비원과 귀금속
그리고 아파트 집주인

어느 날, 아버지께 전화를 받았습니다.

"아는 동생이 막걸리 한 말을 사서 왔는데, 이거 마셔도 되나?" 하고 물으십니다.

아파트 경비를 하던 동생 같은 사람(당시 65세)인데, 경비 근무할 때 도둑맞은 귀금속을 아파트 주인한테 물어주게 생겼다고 어떡하면 좋으냐고 하십니다. 도둑놈이 훔쳐 간 것을 책임지라고 한다는 것입니다. 돈을 안 물어주면 경비원 자리를 자른다고 야단이라고 합니다. 대체 귀금속이 얼마짜리길래 돈을 요구하나 싶었습니다. 도둑놈 대신 대위변제하라는데, 도둑놈이 훔쳐간 것이 어떻게 경비원 책임일까요?

"아버지. 그거 말도 안 됩니다. 돈 주지 마시라고 하십시오."

일주일 뒤 다시 아버지께서 전화하셔서 경비원 하는 동생이라는 분을 바꾸어주셨습니다.

"돈을 할 수 없이 주었습니다. 아버지와 함께 막걸리를 마시고 있네요."

아파트 집주인이 뭐 하는 사람이냐고 물어보니 이름만 들으면 아는 ○○○입니다. 돈을 요구한 사람은 부인인데, 입주자회에서 입김이 센 분이라고 합니다. 지금이야 말도 안 되는 이야기지만, 그 시절에는 도둑놈이 많았습니다. 도둑맞으면 아파트 경비원한테 분풀이하기도 했고요. 오죽 답답했으면 아버지한테 하소연했을까요?

참 말도 안 되는 이야기 같지만, 당시는 다반사로 벌어지는 일이었습니다. 그다음 날 ○○○분한테 전화를 드렸습니다. 그날 저녁, 바로 돈을 돌려받았습니다. 지금 다시 그 당시로 돌아간다면 이렇게 말씀드리고 싶습니다.

"그 막걸리, 드셔도 됩니다."

05

부동산 투자 동업이
가져온 비극

 뉴스를 접하다 보면, 경제적인 이익을 위해 살인을 저지르는 경우도 있습니다. 부동산을 둘러싸고도 그런 비극적인 사건이 일어난 적이 있습니다.

 A와 B는 고향 선후배 관계였습니다. 큰 사업체를 운영하는 A에게 고향 향우회에서 만난 후배인 B는 시행사를 운영하며 ○○부동산 개발을 해서 큰돈을 벌 수 있다고 했습니다. 수시로 자신의 시행사 사무실로 A를 오라고 하며 ○○부동산 개발 진행 중인 사업을 소개했고, A에게 ○○부동산 개발에 투자 및 동업을 제안했습니다.

 ○○개발은 당시에는 로또 대박사업이었고, 때마침 언론에도 ○○부동산 개발로 수백억 원의 부동산 개발 수익을 얻은 사람들을 대서특필

하던 시기였습니다. A는 B에게 돈을 투자하고, B는 수십억 원의 현금을 받아 부동산을 개발한다고 땅을 매수하러 다닌다고 했습니다.

하지만 B는 그 돈을 자신의 사업자금으로 충당하며, 수십억 원의 돈을 빼돌리기 시작했습니다. 또한 A를 피해 다니기 시작했고, A의 가압류, 가처분 등 보전처분이 들어올 것을 대비해서 자신의 명의인 부동산을 모두 명의신탁으로 빼돌렸습니다.

B는 명의신탁으로 빼돌린 부동산에 살 수가 없으니, 보증금이 없는 고시원, 원룸 등을 전전하며 다니다, A의 추적 끝에 B의 소재지가 밝혀지고, 부동산 투자로 맺어진 고향 선후배 사이는 결국 비극으로 끝이 났습니다.

부동산 투자 동업뿐만 아니라 사업을 같이하는 경우에도 마찬가지입니다. 동업계약서를 작성하고, 동업자보다 비중이 다른 투자 금액이 들어갈 때, 법인을 설립해서 주주별 주식 비율을 투자 금액에 비례해서 책정하는 것이 바람직합니다.

부동산 투자 동업을 할 때, 투자 금액이 일방에 의해 부담될 경우, 사인 간 채권·채무 관계와 다름이 없습니다. 부동산 투자를 하면서 부동산 소유권이 없는 사람과는 동업하지 않는 것이 좋습니다. 공적 장부에 기재되지 않는 사적 계약으로, 심지어 형님, 동생이나 선후배 간 인간관계에 의한 구두계약으로 이루어지는 인간관계는 결말이 좋게 끝나는 것을 본 적이 없습니다.

부동산 투자 동업은 정말 하지 않는 것이 좋습니다. 동업의 결과가 철천지원수로 귀결되는 경우를 너무나 많이 봤기 때문입니다.

06

돈거래와
부동산 소유권

1980년대에는 지금보다 더 빈번하게 개인끼리 돈을 빌려주고, 받고 했습니다. 5부 이자도 있고, 3부 이자도 있었습니다. 3부 이자를 정확한 법률용어로는 3할 이자라고 합니다. 지인들 사이에 있었던 일인데, 돈을 불려준다고 3부 이자를 주고, 매달 500만 원씩 넣어주겠다고 했답니다. 그러나 약속이 지켜지지 않아서 지인들이 법무사에게 받은 고소장을 들고 갔는데, 모조리 반려되었다고 저에게 봐달라고 들고와 다른 방법이 없을지 물었습니다.

필자가 뭐라고 말했을까요? 결론부터 말씀드리면 한번 돈이 건너가면 실물을 담보 잡지 않는 한, 천하가 두 쪽이 나도 받기 어렵다고 말해주었습니다.

내용의 경위는 다음과 같습니다.

동네 모임에서 만나 가깝게 지내던 사람이 어느 날 갑자기 전화가 안 되어서 다른 친구에게 물어봤다고 합니다. 그 사람에게 전화가 안 되는 데 어찌 되었는지 아느냐고 물었던 것이지요. 그 친구는 그제야 "나도 그 사람에게 돈을 투자했는데 갑자기 연락이 끊겼어"라고 했답니다.

모두 같은 수법들로 당한 것입니다. 3부 이자를 주고, 매달 현금으로 500만 원씩 준다며 2억 원을 받아갔다고 합니다. 정확히 3개월 약속을 이행하고 연락이 두절되었다고 했습니다. 모두 공증은 다 받아두었다고 합니다. 그래서 공증은 왜 받았냐고 물었더니 공증받으면 믿음이 가서 받았다고 합니다.

그 이야기를 듣고 필자는 정말 할 말을 잃었습니다. 사람들은 공증이 채권을 확보하는 것으로 착각합니다.

공증은 그 사람 소유권의 부동산이나 동산, 유체동산을 특정해서 실물에 대한 소유권을 특정하고, '소 제기 없이 강제집행문을 부여받지 않으며 즉시 강제집행을 한다'라는 내용이 없으면, 그냥 계약문서를 제 3자가 증명해주는 것에 불과합니다.

즉, 실물 소유권이 있어야 돈을 받는 것입니다. 실물 소유권이 없으면 실효성이 아무것도 없는 것이니, 그것을 증거서류라고 할 수는 없습니다. 공증을 받으면 전지전능, 만사형통한 문서라고 안심하는 분들이 아직도 많습니다. 그래서 공증을 받자며 안심시키는 사기꾼들이 많습니다. 공증을 받으면 즉시 민사소송 사인으로 전환됩니다. 그러나 소유자, 대상자도 없는 공증 문서는 무의미합니다. 강제집행할 대상 물건이 없기 때문입니다.

결론적으로, 누구에게 돈을 빌려주고 나서 가장 확실하게 다시 돈을 돌려받는 방법은 상대방이 부동산이 있는지 확인하고, 그 부동산에 근저당권 같은 담보를 잡고 나서 돈을 빌려주는 것입니다. 만약 부동산이 없다면 전세보증금에라도 질권 같은 담보를 잡아야 합니다.

채무자가 공증을 받아주겠다고 하는 말에 넘어가서는 안 되고, 돈거래 상대의 부동산 소유권 확인이 되지 않으면 거래하지 않아야 합니다. 이것을 돈거래의 철칙으로 삼으십시오.

돈거래의 철칙, 또 하나가 있습니다.

이자를 받으면 사기 사건이 성립되지 않습니다. 1980년대 판례가 있어서 아직도 사기꾼들이 그 수법을 쓰고 있습니다. 그런데 여전히 그 수법에 넘어가는 사람들이 많습니다.

3부 이자. 오랜만에 들어보는 이 말이 현재까지 통하고 있다니 참 안타깝습니다. 도망간 사람의 주소지를 알아보니 소유자도 아니었습니다. 자기가 집주인이라고 했는데, 혹시나 해서 일 터지고 난 뒤 등기부를 떼어보니 소유자는 다른 사람이었습니다.

돈에 이자를 붙여서 매달 현금을 송금한다고 하니 다들 혹합니다. 그런 말에 혹하지 마시고, 부동산으로 월세를 받으십시오. 그것이 가장 확실합니다.

내 손을 떠나 남의 손에 들어간 현금은 다시 들어오기 전까지는 남의 것입니다. 영영 남의 것이 될 수도 있습니다. 그래서 부동산 등기부에 이름을 올려야 합니다. 부동산 임대라도 줘서 월세나 전세라도 받으려면요.

퇴직 후 공인중개사로 본
세상과 인생 이야기

01

공인중개사와
무자격 부동산 중개업자

부동산 중개사무소를 하는 친구한테 자기 집을 팔아달라고 내놓은 한 분의 이야기입니다. 이분은 중개사무소를 하는 친구이니 믿고 맡겼다고 합니다. 정말 사람 좋아 보이는 분인데, 친구를 너무 믿은 탓에 곤란해지셔서 안타까웠습니다.

어느 날 휴대전화로 전화가 왔습니다. 서울 강북구 끝자락에서 중개사무소를 운영하는데, 친구 물건이니 공동 중개하자고 했습니다. 그 정도야 충분히 있을 수 있는 일이니 물건을 달라고 했습니다. 명함도 보내 달라고 했습니다. 그런데 명함에 그냥 소장이라고만 적혀 있고, 사무실 전화번호조차 없었습니다.

그때는 바빠서 챙겨 보지를 못했다가 집 보러 가는 일이 있어서 집주인분과 직접 통화를 했습니다. 그런데 그분은 자신을 빼고 거래하느냐고 따지기 시작했습니다. 조금 이상한 느낌이 들어서 명함을 확인하고, 서울시 등록 중개사무소를 검색하니 대표자와 이름이 달랐습니다. 게다가 중개보조원으로도 등록이 되어 있지 않았습니다. 명함에 소장이라고만 하고, 사무실 전화번호도 넣지 않은 이유가 있었던 것입니다. 공인중개사 자격증이 있으면 절대 이런 식의 행태를 보일 수는 없습니다.

그 중개사무소를 운영하시는 분은 무자격, 무등록자였습니다. 무등록 중개업은 3년 이하, 3,000만 원 이하 벌금형으로 법정형이 명시되어 있습니다. 전화를 걸어 계약서 쓰는 날에 공제증서와 인장을 가지고 오라고 했습니다. 그랬더니 바로 꼬리를 내렸습니다. 그래서 집 내놓은 친구 분한테 더는 돈을 요구하지 말라고 했습니다. 중개보조원을 하다가 그만두고 저런 식으로 친구나 지인들을 상대로 부동산을 팔아준다고 중간에 돈 뜯어먹고 다니는 무등록 중개업자였던 것으로 생각됩니다.

평소 친한 공인중개사 한 명은 제대로 알아두는 것이 좋습니다. 부동산을 팔 때는 매도자 편의 공인중개사로, 살 때는 매수자 편 공인중개사로 중개보수를 주시면 됩니다. 변호사는 평생에 한 번 선임할까 말까 하지만, 일반 서민들은 부동산 거래를 평생에 최소 한 번 이상은 할 수밖에 없습니다.

무자격, 무등록 중개업자는 절대 멀리하시고, 제대로 중개하는 공인중개사를 알아두세요. 부동산으로 부자가 되려면 필수입니다.

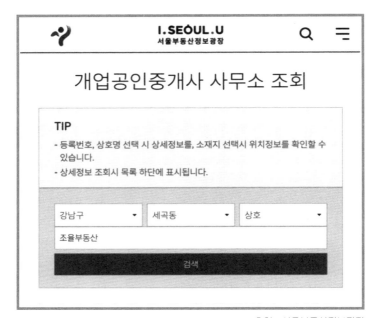

출처 : 서울부동산정보광장

02

회사 퇴직과 세상의 변화
– 내 주변에서 사라지는 것

회사를 퇴직한다는 것은 자연인인 원래의 자신으로 돌아오는 것입니다. 조직에서 떨어져 나와 오롯이 개인이 됩니다. 이렇게 개인이 되고 나면, 나를 둘러싼 세상이 변하고 그냥 나로서만 존재합니다. 직위와 출퇴근하는 사무실 자리만 사라지는 것이 아니라 모든 것이 변화합니다. 그러고 나면 세상이 온통 나만 빼놓고 돌아간다는 느낌이 듭니다. 그제야 '회사에 있을 때, 마치 나를 중심으로 세상이 돌아간다는 착각 속에 살았구나' 하고 깨닫게 됩니다.

회사 퇴직 후에는 사라지는 것들이 많습니다.
첫째, 전화 통화가 사라집니다.
단, 한 명에게도 전화가 오지 않는 날이 많아집니다. 회사에 있을 때는 휴대전화 전화번호 목록에 몇천 명이 있었는데, 선배, 친구들도 다 필요 없어집니다. 전화 오는 사람도, 전화할 데도 없어집니다.

둘째, 명함이 사라집니다.

내 직위나 직함이 들어 있는 명함이 사라지는 것은 당연합니다. 그런데 퇴직 전 누군가에게 받은 명함도 다 사라집니다. 필요가 없어지는 것입니다.

셋째, 바깥세상에 나 자신의 이름이 사라집니다.

그동안 내 이름이 세상에 나온 것이 아니라 회사 이름 밑에 자신의 이름이 있었기 때문입니다. 바깥세상에서는 부동산 소유권을 표시하는 등기부나 세금을 내는 사업자 대표 이외에는 자신의 이름이 표시되는 것이 하나도 없습니다.

결론적으로 퇴직 후에는 돈이 있어야 합니다. 회사에 있을 때 퇴직을 준비하세요. 그것도 최소한 5년 이상은 준비해야 합니다. 퇴직해서도 아는 회사나 월급을 좀 준다는 회사에 취직해서 또다시 월급쟁이로 들어갈 생각은 철저히 버려야 합니다.

적은 월급에 의존하지 말고 홀로 서십시오. 그러기 위해서는 반드시 내 이름을 표시할 수 있는 사업자를 내든지, 부동산 등기부에 내 이름을 등록하셔야 합니다.

회사는 회사일 뿐입니다. 회사 퇴직 후에는 누구도, 세상 그 어느 곳도 내가 홀로 서지 않은 한 나 자신의 이름을 내걸 수 없습니다.

이것만 명심하십시오.

"나 자신 외 그 누구에게도 기대지도, 기대하지도 마세요."

03

60대가 되기 전,
50대의 다짐

광화문에 가기 위해 오랜만에 버스를 타고 나가봤습니다. 모두가 아침 일찍 대중교통을 이용해 어딘가로 가기 위해 아파트를 나섭니다. 아파트 출구부터 뛰어다니는 사람들이 보입니다. 버스 타는 줄은 제대로 이어져 있었는데, 지하철을 타러 갈아타는 순서는 누가 먼저인지 알 수가 없습니다. 지하철 입구부터 전부 내달리기 시작합니다.

이런 출근 시간 풍경을 보면, 20여 년 전부터 2017년 12월까지 출근하러 나가던 저의 모습과 하나도 다를 것이 없습니다. 월급쟁이였던 그 시절에는 왜 그리 불안하고 또 불안했는지…. 막연한 불안감이었습니다. 큰 공무원 조직에서 스스로 자신이 없어서였겠지요.

왜 모두가 아침 일찍부터 나설까요? 그때의 필자는 자아실현을 위해서라고 스스로 위로했었지만, 사실은 월급 때문이었습니다. 월급생활자는 예외 없이 모두 월급을 받기 위해서라고 말할 수 있습니다. 돌아보면 월급생활자, 샐러리맨 생활을 어쨌든 빨리 종료해야 세상을 보는 눈이 달라집니다.

돈은 홀로서기 된 자에게 오는 것입니다. 남들과 어울려 돈을 벌려고 하는 자에게는 돈이 오고 싶어도 올 수 없습니다. 결국, 돈도 잃고 사람도 잃는다는 결론에 도달합니다.

감히 필자의 이야기를 하자면, 월급쟁이 생활을 하던 그 인내심과 정신력의 절반만 쏟아도 바깥세상에서 돈을 벌 수 있습니다. 회사, 조직에서 나와 자신이 세상의 중심이 되어야 보는 눈이 달라집니다. 홀로 있는 시간을 가지면 가질수록 홀로서기 할 수 있게 되기까지의 시간이 단축됩니다. 나 자신 이외에 그 어떤 것에도 마음을 두지 말아야 합니다.

2인 이상의 집단이나 단체에 들어가서 끌려다니지 마십시오. 특히, 운동은 나 홀로 운동이 최고입니다. 골프는 인도어에서, 인도어가 안 되면 아파트 골프연습장에서 합시다. 혼자 하는 운동은 마음을 수행하는 것입니다. 남들이 보지 않는 곳을 봐야 합니다. 그리고 보이는 것이 다가 아니라는 것을 기억하십시오. 남들이 너도나도 뛰어다닐 때 내가 어디에 서 있고, 어디로 가고 있는가를 늘 생각합시다. 결국, 모든 것은 내 마음먹기에 달렸습니다. 가장 큰 적은 나 자신을 믿지 못하는 두려움입니다.

두려움을 걷어내면 새로운 것이 보일 것입니다. 2평도 안 되는 단칸 방에서 머리를 빡빡 밀고 재수하던 그 시절을 생각하면 그 무엇이 두려울까요? 필자는 두려운 것이 없습니다. 있지도 않은 미래를 염려하며 물러서지 맙시다. 언제 어디서나 그냥 거침없이 당당하게 나아가다 보면 어디로 가고 있는지가 보일 것입니다.

필자는 60대가 되기 전 반드시 성공적인 홀로서기를 할 것입니다. 그 어떠한 것에도 마음을 두지 않고 그냥 나의 길을 갈 것입니다. 나이 50세가 넘어서면 점진적으로 세상에 홀로 서야 합니다. 단기간에 홀로서기를 하려면 반드시 직장생활 퇴직, 은퇴 전에 혼자 있는 시간을 가지고 홀로 있는 시간을 즐겨야 합니다. 혼자 있는 시간이 많아질수록 세상을 향한 두려움은 걷히고 당당해집니다. 사람들과 무리 지어 다니는 행동을 끊어내야 홀로서기를 할 수 있습니다. 그렇게 해서 60대 이후에는 반드시 나 자신이 모든 세상의 중심이 되어 있을 것입니다.

04

부동산 뉴스의
신뢰성

　부동산 뉴스를 신뢰하지 마시고, 절대적으로 믿지 마세요. 믿더라도 절반만 믿으셔야 합니다. 남들로부터 전해 들은 말은 전문한 진술로 아무런 가치가 없는 꽹과리 소리에 불과합니다. 부동산으로 부자가 되려면 처절하게 고독한 홀로서기를 통해 나오는 깨달음이 있어야만 합니다.

　부자가 되기 위해서는 그 어떤 두려움이 있더라도 자기 자신에 대한 믿음과 의지가 있어야 합니다. 요란한 정부 정책이 나오더라도 흔들리지 않아야 합니다. 그에 따른 해결 능력 또한 갖추고 있어야 하겠지요.

　사람의 말로 나오는 언어와 글로 된 활자는 반만 믿으십시오. 언론 뉴스는 가공되어 나오는 정보입니다. 언론사 기자, 데스크 등의 입장에 따라 다듬어져 나옵니다. 주요 포털 사이트 뉴스, 카테고리 상단을 차지하기 위해 수단과 방법을 가리지 않는 그들에 의해 가공된 정보를 전부 믿으시면 안 됩니다.

오히려 부동산 관련 뉴스는 일단 신뢰하지 않는 것이 오히려 득일 것입니다. 들을 것도, 볼 것도, 믿을 것도 없습니다. 꼭 듣고, 봐야 한다면 딱 절반만 믿으시면 됩니다. 팩트만 체크하는 것입니다.

대한민국은 완전한 자본주의 시장 경쟁 체제입니다. 즉, 모조리 기브 앤 테이크입니다. 기브하지 않으면 테이크는 없습니다. 반드시 동시이행관계라는 냉엄한 사실을 유념하시기를 바랍니다. 대한민국에서 세상 돌아가는 모든 이치는 돈입니다. 종국에는 돈으로 귀결됩니다. 부동산 뉴스에 아파트 전세보증금이 오른다는 이야기, 노·도·강 매매가격이 오른다는 이야기, 주식에 투자해서 돈 벌었다는 이야기 등 나오는 즉시 지나간 정보가 됩니다. 듣자마자 옛이야기라는 것입니다.

실상 부동산 중개 현장에서는 한 달에 한두 건도 거래가 안 됩니다. 부동산 정책은 곧 정부 실패로 이어지고, 정부 실패는 곧 시장 실패입니다. 인간의 말과 글로 표현하는 것은 그 이치를 개념화시켜 확정시킬 수 있는 본질이 아니므로, 유혹되거나 넘어가지 마시고 자기 자신을 단단히 붙들어 매십시오.

부동산 뉴스의 제목에 빠져들지 마십시오. 남이 뭐라 하든 나의 길을 가십시오. 부동산 뉴스는 나오는 즉시 끝물입니다. 결국, 그 제목을 따라 들어가다 보면 공공의 이익이 아니라 언론사, 취재한 기자와 광고주의 사익을 추구하는 것임을 알아차려야 합니다. 언론에 나오는 것은 모두 이해관계가 맞아떨어져야 나옵니다. 건설사도 신문사를 가지고 있습니다. 충분히 부동산 시장 분위기를 신문 기사로 조장할 수 있습니다.

부동산 뉴스보다는 책을 보시는 것을 추천합니다. 앞선 시대를 먼저 깨달았던 사람들의 이야기도 들어볼 만합니다. 요즘 나온 책들보다 10여 년 전, 극심한 부동산 침체기에 아무도 부동산을 거들떠보지도 않았던 그 시절에 나왔던 부동산 책을 읽어보시기를 권해드립니다.

05

부동산 매도의 어려움과
공인중개사

어떠한 부동산이든 매도가 가장 어렵습니다. 그래서 부동산 매수는 기술이고, 부동산 매도는 예술이라고들 합니다. 그런데 필자는 매수가 예술이고, 매도는 예기(예술과 기술), 예기를 넘어선 경지를 예도(예술과 도)라고 생각합니다.

예도의 경지란, 세상과 인간을 보는 눈이 도(道)의 경지에 이른 것을 말합니다. 즉, 매수가 예술이라는 것은 무에서 유를 창조하는 창작의 고통이 따르는 예술의 경지에 이르러서야 비로소 매수해야 한다는 것입니다. 이는 매수 타이밍을 제대로 잡아야 한다는 의미입니다.

애초에 잘못 들어간 매수는 매도 자체가 어렵습니다.
매도는 예술의 경지에 이른 상황에서 기술적인 부분과 더 나아가 도의 경지에 이르는 세상과 사람 공부를 해야만 한다는 것입니다.

아파트가 환금성이 좋다고 일반 대중들은 이야기하지만, 사실 아파트는 부동산 시장이 좋을 때나 환금성이 좋습니다. 부동산 시장이 나빠지고, 한번 방향을 틀어 부동산 침체기에 접어들면 아파트만큼 팔기 어려운 부동산도 없습니다. 가격만 낮춘다면 바로 팔린다고 하지만, 그만큼 매도 타이밍을 놓치면 매도인은 제값 받고 팔기 어렵다는 이야기라는 것을 알아차려야 합니다.

아파트는 반드시 매수 즉시 매도 타이밍을 결단해야 합니다. 매도 타이밍을 놓치면 정체 하락기 수년 동안 가격을 아무리 내려도 팔리지 않습니다. 부동산은 매도가 쉽지 않다는 것을 부동산 시장 침체기로 접어들어서야 깨달으면 늦습니다. 너무 뒤늦은 깨달음입니다.

매도 타이밍은 부동산 시장 상승기 중 머리꼭지가 아닌 어깨입니다. 어깨에서 팔아야 합니다. 어깨를 넘어서는 순간 거래량은 간헐적으로 터져 나오며, 순식간에 매수 심리가 얼어붙고 거래량이 급감합니다. 부동산 소유자도 매도 결심이 서면 결국 공인중개사와 똑같은 위치입니다. 2022년과 2023년 서울 15억 원 이상 아파트 단지 내 부동산 중개사무소들은 과연 얼마나 계약서를 작성했을까요?

10억 원 이하 중저가 아파트나 15억 원 이하 아파트 중 2021년 가격에서 20% 하락한 초급매만 거래가 있지, 15억 원 이상 아파트 단지 내 부동산들은 실제로 계약서 한 장 못 쓴 공인중개사들이 대부분일 것입니다.

또한 아파트를 직거래하면 부동산 중개수수료도 아낄 것이라는 생각을 많이 하십니다. 필자는 다가구주택 원룸, 투룸 월세 말고는 직거래가 쉽지 않으리라고 예상합니다. 부동산 직거래가 가능할 거라는 것은 인간의 본성을 너무도 모르고 하는 이야기입니다. 근래 부동산 플랫폼 '직방'이 중개업에 뛰어들었다고 연일 뉴스에 나옵니다. 그에 따라 한국공인중개사협회의 반발로 시끄럽습니다.

필자는 직방을 4년 전, 소유자로 방 내놓기로 이용해본 적이 있습니다. 근데, '직방'은 '피터팬의 좋은방 구하기'처럼 소유자 직거래가 아니라, 중개사들이 방을 내놓은 소유자들의 매물을 보고 매물을 확보해서 중개하는 방식입니다. '직방'에서 내 전화번호를 확보한 공인중개사들이 또다시 네이버에 매물을 올리는 방식이 됩니다. 이러니 내놓는 소유자들이 불편할 것은 말할 필요가 없고, 직거래도 아니고 애매해서 중개사들에게도 별로 메리트가 없습니다. 그래서 필자는 4년 전 잠시 이용하다가 그만두었습니다.

공인중개사가 된 이후 상가중개 전문 앱 '네모'도 6개월쯤 하다가 공인중개사한테 광고비 조로 받는 금액이 너무 과하다는 느낌을 받아 그만두었습니다. 직방 등의 부동산 플랫폼이 직거래를 연결해준다는 명목하에 앱을 만들었으나 결국은 중개업에 뛰어들고 있습니다. 옆에서 지켜보니 돈이 된다고 생각한 듯합니다. 공인중개사들한테 앱을 제공하고 광고비를 받는 것이 더 좋을 텐데, 왜 중개업을 한다고 뛰어드는지 이해가 되지 않습니다.

이번에 직방이 부동산 중개업에 뛰어들었다는 소식을 접하고 느낀 점을 몇 가지 말씀드리면 다음과 같습니다.

첫째, 공인중개사한테 받은 광고비로 성장한 회사인데, 옆에서 지켜보니 중개업을 직접 하면 돈을 많이 벌 수 있으리라 생각했을 것입니다. 그러나 중개업은 광고를 잘한다고 해서 중개가 성사되지는 않습니다. 이미 광고 플랫폼은 공인중개사로부터 외면받은 지 오래되었습니다.

둘째, 권리관계가 단순한 아파트는 이제 개별 개업 공인중개사가 네이버 등 부동산 플랫폼을 통한 광고를 활용한 거래보다 행정안전부의 위임사무로 지자체별 행정복지센터에 등록된 공인중개사가 중개하는 전자 부동산 중개를 통한 중개 형태로 이루어지는 것이 바람직하지 않을까 생각합니다. 또한, 머지않은 미래에는 개인사업자 형태의 부동산 중개업보다는 공인중개사, 세무사, 변호사, 법무사와 금융 전문가들이 동시에 참여하는 형태의 부동산 중개법인이 바람직하다고 봅니다.

셋째, 네이버 부동산으로 모든 광고가 집중될 것 같습니다. 원룸, 투룸을 구하고 내놓는 것은 '피터팬의 좋은방 구하기'을 통한 부동산 직거래가 앞으로 완전한 대세가 될 것입니다. 직방이 중개업에 뛰어든 것은 '피터팬의 좋은방 구하기'로 직거래가 대세가 된 현실과 무관하지 않을 것입니다.

넷째, 중개보수는 매도인으로부터만 받는 것이 바람직하다고 생각합니다. 지금도 아파트를 내놓을 때 중개사무소 수십 군데에 전화하는 매도인도 있습니다. 네이버 매물 중에는 동일 지번에 동일 매물을 열 군데 이상 중개사무소에 내놓는 예도 있습니다. 이것은 자기 물건의 가치를 떨어뜨리는 행위입니다.

마구잡이식으로 중개사무소들은 신나서 매물을 올립니다. 위례신도시 한 아파트를 58개의 부동산 중개사무소가 올린 것을 본 적이 있습니다. 이것은 집주인이 깊게 생각하지 않은 행동입니다. 우리나라 사람들은 숨은 보석 같은 집을 원하지, 동네에 누구나 다 아는 걸레 같은 물건을 원하지 않습니다. 그리고 집주인의 급함이 보여 '가격 후려치기'를 당하기 일쑤입니다.

06

퇴직 후 인간관계의 정답은
세금계산서다

어느 날 지인에게 전화가 왔습니다. 후배 중 ○○이가 검찰 수사를 받고 있는 것을 알고 있는지를 물어옵니다. 필자는 이미 다른 지인에게 들어서 대강의 이야기를 알고 있었습니다. 그러나 ○○이가 사건의 주범인 것은 그제야 알았습니다.

부동산 경기가 꿈틀대며 일어서기 시작하던 2015년에 퇴직 후 디벨로퍼 시행사를 한다고 했을 때, 필자가 이렇게 말한 적이 있습니다.

"네 집부터 마련하고 디벨로퍼를 하든가, 집을 짓든가 해라. 네 집부터 마련하고 분양대행사를 하든가 해. 서울에 땅 한 평도 소유하지도 않고, 네 앞가림도 못하면서 무슨 부동산 개발을 하냐?"

필자가 은퇴 직전이라 별 볼 일 없는 상황에서도 이렇게 쓴소리를 해대니 ○○이는 이후로는 연락을 하지 않았습니다. 그런데 결국 ○○이가 사고를 친 것입니다. ○○이와 계속 친하게 지내면서 연락을 주고받던 지인들이 검찰소환을 앞두고 있었습니다. 인간관계에 대해 돌아보게 됩니다.

앞서 언급했듯이, 50대 중후반 퇴직 후에는 반드시 사업자번호를 가진 일반과세 사업장을 가져야 합니다. 퇴직 후 인간관계는 철저한 거래관계가 되어야 합니다. 직장생활을 할 때 형님, 동생 하던 인간관계가 퇴직 후에도 그대로 이어지지 않습니다. 퇴직하는 순간 형님, 동생 하는 그런 관계는 사라집니다. 친형제 간에도 돈 문제로 싸우고 의절하는 것이 세상사 아닙니까? 반드시 사업장을 가지십시오. 부가세를 별도로 세금계산서를 주고받는 거래 관계가 제일 깨끗합니다.

과거에는 공무원한테 사건청탁 알선 금품수수 하는 법조 브로커들이 판을 쳤습니다. 하지만 이제는 씨알도 먹히지 않습니다. 알선자, 금품 대가 공여자, 대가수수자 등 담당 공무원 바로 위 상급자까지 줄줄이 죄다 법의 심판을 받습니다.

퇴직 후에는 반드시 홀로서기를 해야 하고, 그러기 위해서는 사업장을 가져야 합니다. 더욱 우선해야 하는 것은 부동산 소유권입니다. 부동산 등기부 갑구에 내 이름이 들어간 소유권을 가지지 못하는 한 절대홀로서기를 할 수 없기 때문입니다.

○○이도 2015년에 필자가 집을 사라고 할 때, 샀으면 어떠했을까요? 참 안타깝습니다.

07

권력과 돈 자랑이
독이 되어 돌아온다

유튜브나 신문 기사 등의 언론에 돈을 벌었다고 자랑하는 이들이 계속 보입니다. 그 뒷감당을 어찌하려고 저러나 걱정이 듭니다. 자고로, 권력과 돈 자랑은 하는 것이 아닙니다. 끝내는 독이 되어 부메랑으로 돌아오기 때문입니다. 옛말에 진사 이상 벼슬은 하지 말라고 했습니다. 필자가 생각하는 진사 이상 벼슬은 오늘날로 보면 당상관, 5급 공무원 이상을 말합니다. 현시점으로 보면 3급 부이사관급 이상 판검사급을 말한다고 봅니다.

필자가 서울로 발령을 받아서 왔을 때, 다가구주택에 전세로 살면서 받는 월급으로는 살기가 너무 팍팍했습니다. 도저히 답이 없다 싶었는지 디자인을 전공한 아내가 남대문시장에서 아동복을 도매로 해와서 인터넷 쇼핑몰에서 팔았습니다. 사실 아내는 2000년 초기 대한민국 인터넷 쇼핑몰이 태동하던 시기부터 옥션에 옷을 팔았습니다. 인터넷이 처음 생기고, 인터넷에서 사람들이 물건을 팔고 사는 것이 아주 신기했다고 합니다. 용산 전자상가에 가서 70만 원짜리 일제 니콘 카메라를 사서 옷을 사진 찍어 올렸는데 반응도 아주 좋았다고 합니다.

　쇼핑몰이 아주 잘되었는데, 직원을 쓰지 않고, 사람도 쓸 줄 몰라 혼자서 물건 사입하고, 배송하며, 쇼핑몰에 물건을 업데이트하면서 많이 지쳐 하다가 둘째 임신으로 쇼핑몰 사이트를 팔고, 사업권을 양도했습니다. 의류 쇼핑몰을 양수한 분은 2년도 되지 않아 회원 수 10만 명을 돌파하며 당시 수십억 원의 돈을 벌었다는 이야기를 전해 들었습니다. 그러나 지인들과 만나 돈 벌었다고 자랑하고 다니다 탈세신고를 당해서 조세포탈범으로 구속이 되었습니다. 그 후 마음의 상처가 컸는지 쇼핑몰을 접고, 다른 사업을 시작한 것으로 알고 있습니다.

　권력을 잡으면 고개를 숙이고 또 숙여야 합니다. 권력이 있는지, 없는지 사람들이 모르게 하는 것이 좋다고 생각합니다. 고개를 쳐들고 아랫사람들한테 힘을 주는 순간, 뒤통수로 무엇이 날아올지 모릅니다. 30대에 당상관 벼슬을 해서 최연소 승진한 고위직들 말로가 한결같이 좋지 않았습니다. 나이에 걸맞은 옷을 입어야 합니다. 폼이나 잡고 특히, 목과 허리가 같이 돌아가는 그 순간이 오면 어디서 투서가 날아올지 모릅니다. 권력이라는 그 옷은 언제나 깨어질 수 있는 유리 옷입니다. 영원할 것처럼 믿고 행동하면 그때부터 옷 벗고 집에 가는 날이 머지않아 오게 됩니다.

요즘 매스컴을 통해 정치인들을 보면 위태로운 사람이 한둘이 아닙니다. 노자는《도덕경》에서 국가가 작아야 백성들이 편히 산다고 했습니다. 권력을 휘두르는 자들이 많은 국가는 권력다툼으로 나라가 망하게 되니, 작은 국가가 백성들에게 이롭다고 했습니다.

거듭 말하지만, 권력과 돈 자랑은 하지 않아야 합니다. 돈 자랑할 그 시간에 소고기를 사가지고 집에 가서 가족들과 맛있게 먹읍시다. 진사 이상 벼슬하지 말라는 옛말은 하나 틀린 것이 없습니다. 벼슬이란 오를수록 내 것이 아닌, 잠시 스쳐가는 것일 뿐이라는 것을 이미 옛 현인들은 알았기 때문에 이런 말이 전해 내려오는 것이 아닐까요?

권력과 돈, 어느 것도 영원한 내 것이 없습니다. 잠깐 자신에게 머물러 있다고 자만해지는 것은 경솔한 것입니다.

08

출세와 명예욕

작금의 현 세상사를 직시해보면, 어김없이 역사는 반복되며 무심히 흘러가고 있습니다. 하지만 이것을 알아차리는 사람은 극히 소수입니다. 1991년부터 조직생활을 하며 출세와 승진을 위해 고군분투하던 필자는 수많은 직장생활 동료, 선후배, 상사로 모셨던 이들을 떠올려봅니다.

출세와 명예는 필자 생각에 가장 위험한 욕망이고, 자루가 없는 칼날입니다. 30년 가까운 조직생활 중 어느 누구 하나 이야기할 사람이 없었고, 필자에게 그 실체를 이야기해줄 사람도 없었습니다. 진정으로 그 실체를 본 사람도 없고, 모르기 때문입니다. 그나마 청렴하다고 자부하며, 조심하고 절제하며 살아왔던 분들도 가정사, 여자 문제에 자유로운 사람들이 별로 없었습니다.

욕망을 내려놓은 사람들을 여태 단 한 사람도 보지 못했습니다. 식욕, 수면욕, 성욕, 재물, 명예욕 등, 이 중 상위단계라고 할 명예욕을 가장 먼저 끊어내어야 합니다. 명예욕은 하위단계의 모든 욕망을 모두 흡수하고, 포장해서 가공된 가장 위험한 욕망입니다. 모든 욕망은 이어져 일어나고, 조건을 가지고 끊임없는 괴로움과 번뇌를 일으킵니다. 50대에 가장 조심해야 할 욕망은 명예욕이라는 것을 잊지 마십시오.

매슬로(Abraham H. Maslow)의 욕구위계론 중 가장 위험한 단계의 욕망이 바로 인정욕구, 존경욕구입니다. 단계만 다르지, 사실상 하위단계를 포섭하는 동일한 욕구입니다. 생리적, 안전욕구로 만족함을 알아차리면 족한 것입니다. 그러나 인간의 욕망은 끝이 없으니, 부처나 예수급의 깨달은 자, 득도한 성직자 외 인간 세상사에 그 욕망을 자제하고 끊어낼 자가 얼마나 있을까요? 명예욕, 인정욕구의 실체(사실은 공한 것, 텅 비어 있다는 것)를 나이 60세가 되기 전에 알아차리지 못하면 패가망신하는 지름길입니다.

저 또한 이 아무것도 없고 실체도 없는 허망한 출세와 명예욕에 대한 집착을 버리지 못하고, 고향 부임지로 갔던 것이 애초에 잘못되었던 것 같습니다. 노쇠하신 아버지를 장남인 필자가 가까이 모셔야겠다는 마음으로 고향에 갔지만, 그 아무것도 아닌 벼슬로 출세를 했다는 우쭐함도 있었습니다.

하지만 혈연, 학연, 지연으로 얽힌 고향은 더는 어릴 적 고향이 아니었습니다. 저를 가장 잘 아는 사람들이 탐진치(貪·瞋·癡, 탐내고 성내고 어리석음)를 부렸습니다.

명상하며 혼자만의 시간을 가져야 합니다. 눈앞에 보이는 인연을 끊어내고 잘라내야 합니다. 퇴직 후에는 아내와 자식 빼고는 다 바꾸어야 합니다. 이건희 회장이 방 안에 틀어박혀, 혼자만의 시간을 가지고 명상을 통해 나온 깨달음일 것입니다.

09

부자의 길

요즘은 누구나 부자가 되고 싶어 합니다. 부자의 길은 어디에 있는 것일까요? 먼저 부자란 무엇일까요? 주관적으로 부자에 대해 정의를 내려보겠습니다.

"내가 홀로 서서 주변의 눈치를 보지 않고 누구에게도 기대지도 기대하지도 않는 고요한 상태가 되면 부자인 것입니다."

어느 날, 저녁밥을 먹는데 뉴스에 코로나19 확진자 숫자를 발표하길래 필자가 "내 주변에는 코로나 걸린 사람이 하나도 없다"라고 말하니, 막내가 "친구가 없으니 그렇지"라고 했습니다.

필자가 하도 사람을 안 만나니 막내가 그리 생각했던 것 같습니다.

만나는 사람들은 필자가 은퇴 후에 별 볼 일 없어지니 당연히 다 정리되었습니다. 아주 자연스럽게 다 끊어졌습니다. 이렇게 사람은 자연인으로 돌아가며, 진정한 나의 모습과 마주하게 됩니다. 갓끈 떨어지고 별 볼 일 없어지니 모든 주변 사람들이 다 어디로 갔는지 사라졌습니다.

30년 전 혼자 재수하던 그 시절, 아버지께 필자 머리를 이발기로 밀어달라고 말씀드리고 모든 관계를 끊은 후, 단칸방에서 공부를 시작했습니다. 그리고 원하는 대학교에 합격했습니다. '그때만 생각하면 무엇이든 못 할 것인가?'라는 마음으로 버텼습니다.

이제 또 한 번 인연이 정리되었습니다. 나이 50세가 넘어서면 반드시 스스로 홀로서기를 해야 합니다. 철저히 혼자가 되어야 부자의 길로 갈 수 있습니다. 그 시절 한때 어쩔 수 없이 이어지고 있던 모든 인연과 친구를 정리해야 합니다. 그래야 스스로 자유롭게 홀로 설 수 있습니다.

홀로 도서관에서 책을 읽으며 자신과 마주해보십시오. 부자가 된다는 것은 자유로움입니다. 자유롭기 위해서는 돈이 있어야 합니다. 일하지 않고도 정기적인 수입이 있어야 진정한 부자의 길을 갈 수 있습니다. 그 자유로움은 단번에 나오지 않습니다. 공부하고 나 혼자만의 처절한 고독 및 외로움과 마주해야 합니다. 외롭고 또 외로워야 부자의 길로 들어설 수 있다는 것을 강조하고 싶습니다.

누구의 눈치도 보지 않고 자유롭게 제 갈 길을 가는 자가 부자입니다.

PART

07

부동산 투자,
몇 가지 소고

01

전세보증금
반환과 대출

미국이 금리를 인상하니 주식과 대출금리가 즉각적으로 반응합니다. 반면 은행 예금금리는 한참 뒤에나 반응합니다. 은행은 이윤 극대화를 추구하는 코스피 상장기업입니다. 이 사실을 모르고, 은행을 상대했다가는 큰코다치게 됩니다.

지난 문재인 정부 9·13 대책으로 대출 규제가 강화되었습니다. 더욱이 송파 헬리오시티 입주 여파는 2018년 12월 겨울에 혹독한 한파와 함께 강남 송파 아파트 일대 전세가의 대폭락을 가져왔습니다. 2018년 말부터 2019년 초까지 그렇게 추운 겨울은 태어나서 처음이었습니다.

전세 세입자는 헬리오시티 아파트를 매매해서 입주해야 한다고, 사흘이 멀다고 전세금을 반환해달라고 독촉 전화가 왔습니다. 8억 원이 넘어가던 전세는 불과 두 달도 되지 않아 6억 원 언저리로 떨어지고, 전세 세입자는 입주기한을 넘기면 연체이자를 물까 싶어서 노심초사하고 있었습니다. 당시, 필자는 이 전세 세입자에게 이렇게 말했습니다.

"전세기한 만기가 되면 대출을 실행해서 보증금을 내어줄 것이니 걱정하지 마세요. 집주인이 되어보면 제 심정을 알 것입니다."

이후 필자는 '아파트는 두 번 다시는 전세를 주지도 않을 것이고, 전세도 살지 않을 것이다'라고 마음을 먹었습니다. 9·13대책으로 갑자기 전세반환 대출이 안 되어서 불가피하게 아내가 사업자 대출을 받아 전세금을 반환해주었습니다. 대출금리도 당시 2% 정도 높게 받을 수밖에 없었습니다. 그나마도 아내의 사업자 명의로 3년 치 부가세납부증명원이 있었기에 가능했습니다.

이후에는 신용대출로 또다시 괴롭게 되었습니다. 사실 필자는 은행대출이 주택담보대출과 사업자대출, 신용대출까지 수십억 원이 넘어가고 있던 때에 퇴직했습니다. 퇴직한 것을 귀신같이 알고는 은행에서 전화가 와서 돈을 언제 갚을 거냐고 했습니다. 재산 관계는 이미 다 조회해봤는지, 은행에서는 차주가 소유한 부동산으로 1순위 근저당을 들어가지 않으면, 부동산을 가진 것은 아무 소용없으니 1년 기한으로 20%씩 3개월 분할로 갚으라고 했습니다. 신용대출도 갚으라고 독촉해대니 정말 죽을 맛이었습니다.

부동산 시장 상승기에는 전세반환이나 대출이 별문제가 되지 않습니다. 하지만 전세보증금이 하락하고, 대출금리가 상승한다면 이렇게 상황이 힘들어집니다.

02

부동산 개발면적의 확보
– 대지면적 주거지역 90평, 상업지역 60평
6m 이상 도로 불변의 법칙

지인이 2019년에 매도한 강남 꼬마빌딩이 2년 만에 다시 매물로 나왔습니다. 4m 도로에 80평이 채 되지 않는 주거지역 건물인데, 호가가 2년 전 매매가격보다 100% 상승했습니다. 필자는 매도인이 강남 꼬마빌딩이라면 묻지도 따지지도 않는 어리숙한 매수인이 걸리기를 기다리는 것으로 보입니다. 이것을 호가대로 주고 사는 매수인은 뒤통수를 맞는 것입니다. 이렇게 어리숙한 호구가 걸리기를 바라며, 거품 낀 호가로 내놓는 강남 꼬마빌딩은 절대로 함부로 매수하지 마십시오.

네이버 부동산 매물 설명 란을 보니, 도로 한 면 4m 물고 있는 건물에 재건축했을 경우, 주차 대수가 4대밖에 안 나오는 대지면적을 가지고 있습니다. 그것도 20년 이상 된 건물을 리모델링 해서 수익률이 높다고 하니 참 기가 막혔습니다. 주차 대수가 4대면 그 자리에 신축할 수 있는 건물의 최고 높이가 4층 정도입니다. 수익률을 높이기에는 대지면적이 너무 작습니다. 이 매물만 이렇게 나오는 것이 아닙니다. 이렇게 강남 근생 꼬마빌딩의 가격 거품이 심각합니다.

이면도로에 위치하더라도 북측 6m 도로를 물고 있지 않은 대지 90평 이하 건물은 쳐다도 보지 말아야 합니다. 90평 이상 되어야 기계식 주차장을 넣어 용적률을 최대한 확보할 수 있습니다. 현 주차장 관련 법규상 주거지역 80평 이하는 기계식 주차장을 절대 넣지 못합니다. 단, 80평대는 6m 이상 도로를 물고 있는 코너 자리에 따라 가능합니다.

모두가 강남의 건물주가 되기를 원합니다. 그러나 현 강남 꼬마빌딩, 근생 건물은 거품이 잔뜩 낀 매물이어서 간판만 강남이지, 강북 변두리 건물보다 못한 것들이 대다수입니다. 다음 조건에 부합되지 않는 꼬마빌딩 근생 건물은 쳐다도 보지도 말아야 한다는 것을 잊지 마십시오. 단, 남들 앞에서 강남 건물주라는 가오나 무게를 잡기 위해 강남빌딩을 산다면 할 말 없지만 말입니다.

꼬마빌딩 매수 불변의 3원칙

첫째, 주거지역은 대지면적 90평 이상이어야 합니다.
이것은 불변의 원칙입니다. 90평 이상 대지면적이 안 되는 주거지역 건물은 구분상가와 다름없습니다. 이유는 주차 대수 확보와 관련이 있

습니다. 3종 일반주거지역 대지건물비율 50%일 경우, 90평 이하 대지
는 지상 자주식 주차장 8대 확보가 최대입니다.

둘째, 반드시 6m 이상 도로를 물고 있어야 합니다.

이것은 향후 재건축 리모델링 신축을 할 경우를 대비해야 하기 때문
입니다. 20년 이상 된 건물은 곳곳이 고장 나기 시작합니다. 강남의 할
아버지라도 임대료 평당 30만 원 이상 받기 쉽지 않습니다. 기껏 해봐
야 전용 40평에 임대료 1,000만 원을 넘게 주고 들어올 임차인은 그리
많지 않습니다. 대형 빌딩은 예외입니다만, 이것도 사정이 그리 좋지는
않습니다. 6m 이상 도로를 물고 있지 않으면 대지 내 주차장 내 진출
입 4m를 확보해야 하기 때문입니다. 현행법상 6m 이상 도로를 물고
있어야 주차장 진입도로 확보 예외를 인정해주고 있습니다.

부동산은 반드시 기필코 매도 또는 대수선 신축할 때가 옵니다. 도로
6m 이상 도로를 물고 있지 않은 땅은 주차장 대수 확보가 곧, 개발이
익과 밀접한 관련이 있으므로 반드시 지켜야 할 원칙입니다. 개발하며
건물을 신축할 때 그 부동산(땅)의 진정한 가치가 드러나게 됩니다.

셋째, 기계식 주차장을 넣어야 합니다. 그래야 개발이익이 나오기 때
문입니다.

개발이 가능한 대지면적이 안 되는 건물은 제값을 받지 못합니다. 강
남은 대로변 건물도 노선상업지역으로 순수한 상업지역은 없고, 주거
지역과 혼재되어 있습니다. 주거지역 건물이 90평 이하는 그냥 월세

받는 구분상가와 다름이 없습니다.

기계식 주차장을 넣어 용적률을 찾아 먹느냐 마느냐는 향후 수십 년간의 절대적인 불변의 법칙입니다. 지가 상승은 재건축, 리모델링, 신축을 통한 개발로 건물이 탈바꿈되었을 경우를 가정한 것입니다. 막연히 지가 상승을 기대하며 강남 건물을 매수하지 마세요. 주차장 대수 확보가 되지 않으면 용적률을 최대한 찾아 먹을 수 없습니다.

결론적으로 부동산 투자의 최종 종착지는 건물주입니다. 강남 건물주이든, 강북 건물주이든 서울 도심지 역세권 건물주가 되어야 합니다. 이 건물이 과연 적정가인지 스스로 판단할 능력이 있어야 합니다. 남들이 수익률 높다고, 리모델링이 번쩍인다고, 강남 건물이라고 덥석 물어버리는 우를 범하지 마셔야 합니다.

건물 매수 시는 반드시 대지면적과 도로를 꼭 챙겨봐야 합니다. 다시한번 강조해드렸습니다.

03

부동산 시장 하락기에는
매수보다 매도다

　부동산 자산이 100억 원이라고 가정해보겠습니다. 결단코 이 100억 원은 모두 내 돈이 아닙니다. 부동산은 아파트, 오피스텔, 주택이든 아니면 땅을 딛고 있는 꼬마빌딩, 다가구주택, 다세대주택, 상가주택, 그 어느 것이든 소유자가 매도해서 손에 쥔 현금만이 내 실현손익이며, 내 돈이라고 할 수 있습니다.

　2023년 기준으로 부동산 시장은 하락기입니다. 부동산으로 돈 버는 시기는 당분간 끝났다고 봐야 합니다. 적어도 3년간은요. 부동산은 매도가 너무나 어렵습니다. 이것 하나만 확실히 알고 있으면, 부동산 투자와 관련해 중요한 치트키를 가지고 있는 것입니다.

　필자가 생각하기에는 부동산 전문가 고수들이 대한민국에 그리 많지 않은 것 같습니다. 왜냐하면, 대부분은 아파트 투자자이고, 아파트를 벗어나 땅을 딛고 있는 부동산을 실전에서 매매해보고 양도차익 수십억 원의 현금을 손에 쥔 자는 필자가 보기에는 극소수이기 때문입니다.

그리고 부동산으로 돈을 번, 진짜 부동산 부자들은 절대 얼굴을 드러내지 않습니다. 그 뒷감당을 하고 싶어 하지 않습니다. 대한민국에서 부동산으로 그렇게 큰돈을 벌었다고 자랑하는 사람은 가만 놔두지 않을 것입니다. 진짜 부동산으로 큰돈을 벌었으면 조용히 살아가는 것이 요즘 말로 국룰입니다.

덧붙여 대한민국에서 부동산을 매매할 수 있는 권한을 가지고 있는 사람은 공인중개사밖에 없습니다. 수십억 원대의 부동산을 중개업자 없이 거래하기는 어려운 것이 현실입니다. 이것이 공인중개사를 국가 자격증으로 지자체에서 관리 및 감독하는 이유가 아닐까요?

부동산은 무엇이든 한 번이라도 매도한 사람만이 부동산을 알게 됩니다. 모든 부동산은 값싸게 매수해도 매도할 때 값싸게 매도하면 아무 의미가 없습니다. 세금계산도 반드시 해야 합니다. 세금을 떼다 보면 실익 없이 뼈다귀만 남는 경우가 많습니다. 이제는 부동산으로 자산을 불리려면 반드시 세금도 공부해야 합니다. 현시점에는 부동산, 특히 주택은 1주택자 매매물건이 아니면 아무 의미가 없다고 봅니다. 1주택은 무조건 필수적으로 갖춰야 이 험한 대한민국 고도의 자본주의에서 살아남습니다.

상가 건물 꼬마빌딩도 이제 더는 살 만한 매물이 없습니다. 재건축, 신축으로 탈바꿈시킬 만한 구축 건물도 이제 매도 호가가 꼭지입니다. 주거지역 건물은 수익률이 나오지 않는 매물은 다 통과하시고, 거들떠보지도 말아야 합니다.

상업지역 건물 소유자가 진정한 건물주입니다. 필자가 영등포 상업지역의 건물을 매수한 것도 서울 상업지역의 희소성과 남들이 강남과 성수지역을 쳐다보며 아무도 거들떠보지 않는 사이에 가격이 정체되어 있었기 때문입니다.

서울 전체 상업지역 중 상업용 건물(꼬마빌딩)이 급격하게 상승하던 2018년부터 2020년까지도 영등포는 절대적, 상대적으로 가장 저평가된 지역이었습니다. 2020년 평당 6,000만 원 하던 영등포가 불과 1년여 만에 순식간에 평당 1억 원 실거래가 터져 나오고 천장 없는 매물들이 나오고 있습니다. 현재 호가는 용적률 800%는 평당 2억 원을 넘나들고 있습니다.

부동산 투자로 부자가 되려면 남들이 보지 못하는 것을 봐야 합니다. 그리고 자기 확신과 자신감이 있어야 합니다. 땅을 딛고 있는 부동산, 특히 서울 주요지 상업지역은 부동산 상승기를 맞으면 평당 수천만 원씩 올라가는 것은 순식간입니다. 강남, 성수, 마포 꼬마빌딩이 좋다고 너도나도 뛰어들 때 이것은 아니라고 판단할 수 있는 눈을 가져야 합니다.

주거지역은 용적률 200%, 250%라는 절대적인 한계를 벗어날 수 없습니다. 아파트 거래 침체기에 이미 꼬마빌딩을 선매수한 부동산 고수들이 주거지역 꼬마빌딩은 다 처분하고 떠났습니다. 서울 부동산 아파트 거래 침체기에 주거지역 꼬마빌딩을 선투자한 사람들이 부동산 최고수들입니다. 이들이 매수에 나서지 않는 한 주거지역 꼬마빌딩은 향후 몇 년간 어렵다고 필자는 보고 있습니다.

부동산에서 진짜 고수들은 투자자 100명에 1명이 아니라, 1,000명에 1명입니다. 남들이 좋다고 하니 앞뒤 가리지 않고 우르르 뛰어드는 것이 좋은 것만은 아닙니다. 잘못 들어간 매수 적기는 매수한 부동산의 유지 관리와 최종 매도까지 어려움을 겪을 수밖에 없습니다.

어떠한 부동산이든지 매도가 어렵습니다. 이것이 부동산 거래의 철칙이자 대명제입니다. 매수하고자 할 때 비싸다고 생각하면, 안 사면 그만입니다. 부동산이 오르든 말든 스스로 분명한 부동산에 대한 신념과 철학을 가지고 있다면, 어떠한 부동산도 다 내 손아귀에 장악할 수 있습니다.

04

부동산 매매가격을 협상하는
매도인의 마음가짐

　빌딩을 중개하던 중에 막판에 매도인이 총매매가격 중 1.5%에 해당하는 2억 원을 올려달라고 하면서 계약이 불발되었습니다. 매도인은 1.5%를 올려 받으려고 욕심을 부리다가 매도의 기회를 놓쳤습니다. 매수인은 매도인이 제시한 호가의 5%를 하향조정한 매수호가 제시 후 매도인이 다시 제시한 호가를 따라왔습니다. 그런데 매도인이 추가로 2억 원 조건을 붙이고 또다시 가격을 올리며 계약은 완전히 결렬되었습니다.

　협상 중에 매수인은 마음이 완전히 식어버렸습니다. 이렇게 시간이 지체되면 될수록, 매도인이 결단을 내리지 않으면 매수인의 마음은 언제라도 변하게 됩니다. 부동산 매매가격 협상 시 저의 경험칙상 매도인이 가져야 할 협상조건을 제시해드리겠습니다.

첫째, 사공이 많으면 배가 산으로 갑니다.

매도인, 즉 소유자의 결단이 가장 중요합니다. 이 사람, 저 사람 물어보며, 그저 옆에서 훈수를 두는 사람들한테 휘둘리지 마십시오. 결국, 그들은 아무 도움 안 되는 사람들입니다. 적어도 부동산 매매에서는 쓸데없는 자들입니다. 결단은 홀로 고독하게 내려야 합니다.

둘째, 매수가 협상이 들어오면 생각할 시간을 주라고 하되, 당일을 넘기면 안 됩니다.

매수가 협상은 매매 과정 중에 당연히 있을 수 있습니다. 생각해보되, 결정은 절대 다음 날로 넘기지 마십시오. 특히 부동산 중개사무소에 매수인이 있는 경우, 매수가를 제시한 매수인을 집으로 돌아가게 하면 그 거래는 끝나는 것입니다. 이것은 부동산 중개사무소를 운영하는 개업 공인중개사들의 거래철칙 중 하나입니다.

절대 매수인을 집으로 돌려보내지 않아야 합니다. 그래서 가계약서를 쓰는 것입니다. 왜 집으로 돌아가면 끝인지 궁금하신가요? 사촌이 땅을 사면 배가 아픈 것이 당연합니다. 집으로 돌아가면 여기저기 훈수 두는 자들이 늘어납니다. 깊이 생각해보지 않고 부정적인 의견을 내놓기 일쑤입니다. 즉, 좋게 이야기하는 사람은 하나도 없습니다.

셋째, 어떠한 부동산이든, 매도가 어렵습니다.

매수인 우위의 시장이든, 매도인 우위의 시장이든 매수보다 매도가 어렵습니다. 제시하는 매도호가의 5%, 매수인이 제시하는 매수호가에서 1%는 깎아주어야만 거래가 성사된다는 사실을 잊지 마십시오.

　　결론적으로 매수인이 나타나면 계약 성사 여부에는 매도인의 마음가짐도 중요합니다. 돈거래 앞에서 무슨 명분이 있고, 자존심이 있을 수 있을까요? 실리를 앞서는 것은 아무것도 없습니다. 매도인(소유자)이 부동산 시장에 자기 부동산을 팔려고 내놓으면, 갑이 아니고 을이 됩니다. 이 사실을 받아들여야 매도에 성공할 수 있습니다.

임차권 등기 급증에 대한 소고
– 법률 지식 부족, 대화와 타협이 부재한 사회현상

    가압류·가처분되어 있는 부동산은 부동산 시장에서 정상적으로 거래되기가 힘듭니다. 가압류·가처분에 대해서 이야기를 해보겠습니다. 이렇게 '가' 자가 붙은 것은 소유권을 빼앗아올 수 있는 위험한 보전처분입니다.

    최근 공사비 분쟁, 유류분 상속 분쟁으로 인한 가압류, 가처분 등기가 급증하고 있습니다. 이 가압류·가처분을 가볍게 여기다가는 소유권이 날아갑니다. 여기에 비하면 임차권 등기는 아주 작은 사안입니다.

    여태 한 번도 주목받지 못했던 임차권 등기를 너도나도 변호사를 선임해서 비싼 수수료를 주며 가세하고 있습니다. 여기에는 언론과 변호사들도 한몫 거들고 있지요. 변호사를 선임한 수수료는 소송비용을 청구해서 주인에게 받아 낼 수 있다고 합니다. 하도 언론에서 전세금을 반환받기 위해서는 임차권을 등기해야 한다고 하니, 그냥 맹목적으로 임차권 등기를 하는 모양새입니다. 사실 임차권 등기는 대항력 유지를 위해 하는 것이지, 전세보증금 반환과는 아무 상관관계가 없습니다.

전세보증금 반환을 받기 위해서는 지급명령 청구와 반환소송을 해야 합니다. 여기에 변호사들도 가세하고 있습니다. 이자까지 붙여서 돈을 더 받아준다고 부추기는 변호사들도 문제라고 생각합니다. 소송으로 갈 이유도 없고, 소송비용을 지급할 이유도 없는 것이 부동산 분쟁인데, 모두가 법을 모르니 마음만 급할 따름입니다.

구독자 수를 올리기 위해 자극적인 제목을 다는 언론의 지속적인 선동과 부채질, 여기에 법률지식이 부재한 일반 장삼이사(張三李四)들의 막연한 불안감, 소송을 부추기는 변호사들, 이 모든 것이 법률 지식 부재로 인한 대화와 협상이 부재한 사회현상을 반영한다고 보고 있습니다.

대화와 협상이 부재한 근본을 들여다보면 우르르 쏠려 다니는 무지함에 있습니다. 대한민국 국민 모두가 부동산 법률, 최소한 민법총칙 정도는 반드시 공부해야만 합니다. 돈 관련 민사사건에 대해서는 내가 우선 법을 알고, 변호사를 선임해야 합니다.

공무원 재직 시절, 고소인들이 아는 지인들을 동원해서 사건담당 직원에게 사건처리 진행 상황을 물어보는 사람들이 많았습니다. 모두가 변호사를 선임했다고 하는데, 변호사를 통해 사건을 물어보시라고 하면, 변호사가 진행 상황을 알아보라 했다고 합니다. 돈을 주고 의뢰했으면 변호사를 부려 먹어야 하는데, 오히려 변호사에게 돈을 준 의뢰인이 사건 진행 상황을 알아보고 다니는 형국입니다.

돈과 관련된 민사 형사사건에 대해서는 우선 당사자인 본인이 적용되는 관련 법이 어떻게 되는지를 판단하고 변호사에게 사건을 의뢰해야 합니다. 변호사 선임 계약 시 반드시 계약서를 작성하시고, 착수금을 달라는 대로 선불로 다 주지 마세요. 이행단계별로 착수금과 중도금 잔금을 주세요. 그래야 제대로 일을 합니다. 제대로 하지 않는 변호사는 즉시 해임해야 합니다.

06

부동산 거래절벽과
부동산 투자

2023년부터는 부동산 거래가 완전히 실종된 상황입니다. 2022년 하반기부터 거래절벽 상태가 굳어졌고, 매매, 전세, 월세 모든 거래가 다 끊기다시피 하고 있습니다. 근생 건물로 전환된 주택, 올근생 건물 외에는 사실상 거래가 완전히 사라진 상황이라고 할 수 있습니다. 올근 생 건물도 건축비와 금리상승으로 월세 수익률이 담보되지 않으면 상황이 좋지 않습니다.

사실 필자는 부동산, 특히 아파트는 조정기를 거쳐 이르면 2022년 하반기부터 하락기에 접어들 것으로 예상했습니다. 그런데 부동산 중개사무소를 개업하고, 중개업을 하다 보니 부동산이 하락한다는 이야기를 차마 할 수가 없었습니다.

부동산에 관한 관심이 급격히 사라져가고 있습니다. 그런데도 부동산 투자는 그만둘 수는 없습니다. 부동산 투자에 대한 필자의 작은 생각, 소고에 대해 간략하게 말씀드리겠습니다.

첫째, 퇴직 후 바깥세상으로 나와서 사람들을 접해보며 제일 놀란 것은 많은 분이 부동산과 관련된 법을 너무나 모른다는 것입니다. 수억 원, 수십억 원에 달하는 부동산을 매수하려는 분들이 계약과 관련된 법률, 특히 민법총칙이라도 읽어보거나 법률행위에 대해 해석할 줄 아는 사람이 드물다는 사실입니다.

변호사를 선임하든, 공인중개사가 중개해서 계약서를 작성하든, 당사자가 기본적인 법률 상식을 갖춰야만 내 권리를 찾을 수 있습니다. 민법총칙은 최소한으로 공부해야만 부동산 취득 후 처분 전까지 내 소유재산을 지켜낼 수 있습니다.

둘째, 세금 상담 혹은 세금을 공부하는 것에 대해서는 돈을 아끼지 말아야 합니다.

세금을 모르고 부동산을 섣불리 매수하다가는 유지 관리하지도 못하고 국가 지자체에 가압류당하고 더 나아가 강제경매로 처분당하게 됩니다. 부동산 관련 세금에 대해 아무것도 모르고, 아파트 수십 채씩 갭 투자해서 아파트 자산이 100억 원이면 무엇하겠습니까? 결국, 매년 차 떼고 포 떼고 해서 남는 것은 뼈다귀뿐입니다.

셋째, 언론에 나오는 뉴스들에 대해 팔랑귀처럼 휩쓸리지 마세요.

언론 뉴스는 뉴스이지만 아이러니하게도 과거를 이야기하고 미래를 이야기하지 않습니다. 결국, 미래를 준비하는 새로운 배움은 스스로 해야만 합니다. 부동산이든 주식이든, 들어갈 때 매수할 때는 내 마음대로입니다. 하지만 매도할 때는 결단코 내 마음대로 되지 않습니다.

넷째, 주식에 투자하지 마세요.

대한민국 상장기업은 진정한 1세대 사주가 없습니다. 1세대 사주들이 진정한 기업가였고, 이들은 기술개발로 돈을 벌어 영업수익을 올리고, 직원들에게 월급을 주었습니다. 기업공개 코스피에 상장해서 주가를 올려 자금을 조달하지는 않았습니다.

지금은 상장기업 주변에 돈을 뜯어먹으려고 달려드는 하이에나가 너무나 많습니다. 또한, 유통 주식도 조금만, 돈 떨어지면 증자해서 주식 수를 늘립니다. S전자가 액면분할을 해서 국민주가 되었으나, 주가가 말해줍니다. 대한민국에서 주식 투자로 돈 번 자는 한두 번으로 돈 벌고 빠져나온 자들입니다. 주식은 돈을 넣으면 넣을수록, 물타기를 하면 할수록 돈을 잃습니다. 주식 투자한 개미들 돈은 다 하이에나들한테 먹히게 됩니다.

대한민국 모든 코스피, 코스닥 상장기업들이 주식 투자한 소액주주 손금액을 주주배당금으로 대체해준다고 하고, 제발 주식을 매수해주시라고 사정할 때나 주식을 매수하는 것을 고려해볼 수 있습니다. 하지만 그럴 리 없으니 주식은 하지 말라고 필자는 간곡히 권하고 싶습니다.

　결론적으로 부동산 투자는 부동산 관련 법공부는 기본으로 하고, 인간에 대한 기본성찰과 내 마음공부가 먼저 되어 있어야 합니다. 기본이 되어 있지 않은 투자는 부동산이든, 주식이든 그 어떤 것도 사상누각(沙上樓閣)에 불과합니다. 작은 외부요인에 의해서 무너질 수도 있고, 자신의 정신력에 금이 가면 악 소리도 못 하고 그냥 한 방에 무너질 수밖에 없습니다.

07

공인중개사 자격증과
부동산 투자의 상관관계

개업 목적이 아니어도 공인중개사 자격증을 취득하는 분들이 많습니다. 필자가 내린 결론은 공인중개사 자격증을 취득해도 장롱 속에 넣어둔 경우는 부동산 투자와는 별다른 상관관계가 없다는 것입니다.

개업 공인중개사, 즉 사무실을 자기 명의로 운영하는 공인중개사만이 부동산 투자와 양의 상관관계가 있습니다. 부동산에 투자하는 데, 반드시 도움이 된다는 것입니다. 이유는 다음과 같습니다.

첫째, 부동산 매수와 매도 타이밍을 정확히 포착할 수 있습니다.

특히 부동산 매도 타이밍을 부동산 중개사무소로 걸려오는 전화 통화 숫자, 문의 내용만으로 파악할 수 있습니다. 부동산 시장의 흐름을 중개사무소에 앉아서 가늠할 수 있습니다. 과장, 왜곡된 언론 보도나 유튜브에서 자칭 부동산 전문가라고 말하는 유튜버들의 말에 흔들리지 않을 수 있습니다. 부동산 투자를 할 때 가장 중요한 매수와 매도 타이밍을 현장에서 손바닥처럼 들여다보고 포착할 수 있으니, 손해 보지 않는 투자를 할 수 있습니다.

둘째, 부동산 투자는 경험으로 쌓아가는 실전학입니다.

반드시 매수, 매도 경험이 두 번 이상이 축적되어야 부동산 투자를 안다고 할 수 있습니다. 아파트 공동주택보다는 토지와 건물, 등기증명서가 따로 있는 건물 매수·매도 경험이 축적되었다면 부동산 투자 고수 반열에 더 빠르게 진입할 수 있습니다. 여기서 경험이란 부동산을 중개하는 간접적인 경험도 포함합니다.

그런데 전제조건이 있습니다. 부동산 시장에 반드시 발을 담그고 있어야 합니다. 이 말은 부동산 소유권을 가지고 있어야 한다는 것입니다. 부동산 소유권이 없는 개업 공인중개사는 중개수수료에만 관심이 있을 수밖에 없습니다.

08

그린벨트(개발제한구역) 투자

헌인마을 인근 그린벨트 땅 3만여 평을 소유한 분의 아들이 매도 의뢰를 해오셨습니다. 매도가격을 얼마로 책정해야 하는지 물으니 제시를 하지 않습니다. 또 다른 분은 세곡동 야산에 그린벨트 300평 잡종지를 매도 의뢰하셨습니다. 토지이용계획원을 확인하니, 전자는 3만 평 전부가 비오톱 1등급으로 지정되어 있었고, 후자는 잡종지이나 비오톱이 주변을 둘러싸고 있었습니다. 현장 확인을 해보려 했더니 매도 의뢰한 분도 정확한 위치를 모른다고 합니다. 어머니가 40년 전에 샀는데, 어머니는 10년 전에 마지막으로, 본인은 한 번도 가본 적이 없다고 합니다.

현장 확인은 매도를 위해 꼭 필요한 것이어서 그린벨트 땅 찾기 삼만리가 시작되었습니다. 땅 찾으러 갔다가 길도 없는 산속에서 길을 내며

다니고, 숨이 턱까지 차오르는 극한체험도 했습니다.

결론은 둘 다 매도 불가능이었습니다. 소유자도 비오톱이 뭔지 모르고 있었습니다. 이런 그린벨트 매물은 기획 부동산 회사가 멋도 모르는 사람에게 바가지를 씌워서 팔아먹는 것입니다. 공인중개사로서 차마 매수하라고 권유하고 중개할 수 없는 것이 그린벨트 땅입니다. 매도하고자 하면 소유자가 그 땅을 잘 알고 매도가격을 제시할 수 있어야 합니다. 소유자도 모르는 땅을, 그것도 그린벨트 땅을 어떻게 매도하겠습니까?

출처 : 강남구청

비오톱은 야생동식물 보호구역을 말합니다. 노무현 정부 시절인 2005년, 대부분의 그린벨트가 절대적 보호구역인 비오톱 1등급, 2등급으로 지정되었습니다. 비오톱으로 이루어진 필지나 비오톱이 둘러싸고 있는 땅은 천지개벽으로 지형 변화가 이루어지든가, 산사태가 나지 않는 한 매도는 불가능합니다. 즉, 부동산 시장에서 제값을 받는 정상적인 거래는 어렵습니다. 그린벨트, 개발제한구역에 투자하려면 우선 관련 법규를 검토해봐야 합니다.

개발제한구역법

제17조(토지매수의 청구) ① 개발제한구역의 지정에 따라 개발제한구역의 토지를 종래의 용도로 사용할 수 없어 그 효용이 현저히 감소된 토지나 그 토지의 사용 및 수익이 사실상 불가능하게 된 토지(이하 "매수 대상 토지"라 한다)의 소유자로서 다음 각 호의 어느 하나에 해당하는 자는 국토교통부 장관에게 그 토지의 매수를 청구할 수 있다. 〈개정 2013. 3. 23.〉

1. 개발제한구역으로 지정될 당시부터 계속하여 해당 토지를 소유한 자
2. 토지의 사용·수익이 사실상 불가능하게 되기 전에 해당 토지를 취득하여 계속 소유한 자
3. 제1호나 제2호에 해당하는 자로부터 해당 토지를 상속받아 계속하여 소유한 자

② 국토교통부 장관은 제1항에 따라 매수청구를 받은 토지가 제3항에 따른 기준에 해당되면 그 토지를 매수하여야 한다. 〈개정 2013. 3. 23.〉

③ 매수대상 토지의 구체적인 판정기준은 대통령령으로 정한다.

제18조(매수청구의 절차 등) ① 국토교통부 장관은 토지의 매수를 청구받은 날부터 2개월 이내에 매수 대상 여부와 매수예상가격 등을 매수청구인에게 알려주어야 한다. 〈개정 2013. 3. 23.〉

② 국토교통부 장관은 제1항에 따라 매수대상 토지임을 알린 경우에는 5년의 범위에서 대통령령으로 정하는 기간에 매수계획을 수립하여 그 매수 대상 토지를 매수하여야 한다. 〈개정 2013. 3. 23.〉

③ 매수대상 토지를 매수하는 가격(이하 "매수가격"이라 한다)은 '부동산 가격공시에 관한 법률'에 따른 공시지가를 기준으로 해당 토지의 위치·형상·환경 및 이용상황 등을 고려하여 평가한 금액으로 한다. 이 경우 매수가격의 산정시기와 산

정방법 등은 대통령령으로 정한다. 〈개정 2016. 1. 19.〉

④ 제1항부터 제3항까지의 규정에 따라 매수한 토지는 '지방자치분권 및 지역균형 발전에 관한 특별법'에 따른 지역균형발전특별회계의 재산으로 귀속된다. 〈개 정 2009. 4. 22., 2014. 1. 7., 2018. 3. 20., 2023. 6. 9.〉

⑤ 제1항부터 제3항까지의 규정에 따라 토지를 매수하는 경우에 그 매수절차와 그 밖에 필요한 사항은 대통령령으로 정한다.

제20조(협의에 의한 토지 등의 매수) ① 국토교통부 장관은 개발제한구역을 지정한 목적을 달성하기 위하여 필요하면 소유자와 협의하여 개발제한구역의 토지와 그 토지의 정착물(이하 "토지 등"이라 한다)을 매수할 수 있다. 이 경우 매수한 토 지 등의 귀속에 관하여는 제18조 제4항을 준용한다. 〈개정 2013. 3. 23.〉 그 토지의 정착물(이하 "토지 등"이라 한다)을 매수할 수 있다. 이 경우 매수한 토지 등의 귀속에 관하여는 제18조 제4항을 준용한다. 〈개정 2013. 3. 23.〉

② 제1항에 따라 개발제한구역의 토지 등을 협의매수하는 경우에 그 가격의 산정 시기·방법 및 기준에 관하여는 '공익사업을 위한 토지 등의 취득 및 보상에 관 한 법률' 제67조 제1항, 제70조, 제71조, 제74조, 제75조, 제76조, 제77조, 제78조 제5항·제6항·제9항을 준용한다.

출처 : 국가법령정보센터

제20조를 검토해보면, ①항에 의하면 국토부장관이 필요하면 개발 제한구역을 협의 매수할 수 있고, ②항에 매수가격의 산정시기, 방법 및 기준에 관해서는 공익사업을 위한 토지 등의 취득 및 보상에 관한 법률을 준용하도록 하고 있습니다. 즉, 그린벨트에 대해서는 언제든지 국가에서 수용하겠다는 것입니다.

그린벨트를 사두었다가 그린벨트가 해제되면 땅값이 폭등하니 그린벨트 해제되기 전, 미리 매수해서 그린벨트 해제까지 기다리면 된다고 생각할 수 있습니다. 그러나 관련 법규를 검토해보면 그린벨트 해제를 하기 전에 국가에서 수용하겠다는 것을 알 수 있습니다. 물론, 땅값은 오르니 공시가격이 오른 것만큼 보상을 받을 것이라 생각하고 매수할 수는 있습니다. 그러나 그린벨트가 해제될 때까지 기다렸다가 이후 시가로 매도할 생각을 가지고 매수한다면 잘못된 생각입니다.

그린벨트 해제 전 국가에서 수용해버리기 때문에 그린벨트가 해제되었다는 것은 이미 국가의 소유로 넘어갔다는 말입니다. 국가에서는 그린벨트를 해제하기 전에 반드시 수용하겠다는 의지를 개발제한구역(그린벨트)의 지정 및 관리에 관한 특별조치법에 명시하고 있습니다.

08

아파트 짓는다며
자기 땅 하나 없는 시행사업자

지금도 세곡동 은곡마을 단독주택 총 114필지를 개발해서 제2의 강남효성해링턴코트를 만들어 분양해주겠다는 사기꾼들이 있습니다. MB 시절, 강남 세곡동 보금자리택지지구 지정 이후부터 사기행각을 벌이더니 아직도 문자·전화로 사람들에게 투자하라고 유인하고 있습니다. 부동산 중개사무소가 은곡마을 주택가 초입에 위치하다 보니, 확인차 방문하는 분들이 종종 있습니다.

"은곡마을 단독주택 소유자들한테 동의서를 다 받아놓았다고, 제2의 강남효성해링턴코트를 착공하는 일만 남았다고 하는데, 사장님은 모르세요?"

느닷없이 사무실에 찾아와서 이렇게 말을 합니다. 오히려 필자가 이런 일이 있는 것도 모른다고 한심하다는 듯이 쳐다봅니다. 필자는 이렇게 말씀드립니다.

"오늘로 사장님이 한 30번째 방문자입니다. 이번에는 어디 개발회사라고 그러던가요? 시행사 이름 좀 알려주세요. 여기 땅값이 얼마인데 지금도 집 짓는 거 보이지 않습니까? 제2의 강남효성해링턴코트를 만드는 것도 좋은데 한 필지라도 자기 땅이 있는지 물어보세요."

필자의 이야기에 방문자는 바로 황당한 표정을 지으며 "와서 보니 정말 그렇네요"라고 합니다. 투자했느냐고 하니 그렇지는 않다고 합니다. 그나마 이렇게 직접 와서 확인하는 분들은 부동산을 조금이나마 아는 분들입니다. 대부분 무언가 홀린 듯 쫓기듯이 찾아옵니다.

아마 '마지막 남은 조합원 물량'이라며 빨리 돈을 입금하라고 해서 돈을 입금해준 사람들도 있을 것입니다. 이것은 명백한 사기입니다. 돈을 받지 않았더라도 돈을 입금하라고 했다면 사기 미수에 해당합니다. 아직도 이런 사기꾼들이 조합원을 모집한다며 돈을 입금하라고 사기를 치고 있으니, 참 한심한 노릇입니다. 필자는 이런 사기꾼들에게 이렇게 말해주고 싶습니다.

"집주인 동의서가 있으면 뭐합니까? 개발회사에서 가진 땅이 한 필지는 있습니까? 사기 쳐서 돈 벌지 말고, 땀 흘려 일해서 돈을 버십시오."

건설 현장에 일할 사람이 그리 없다는데, 집주인 동의서를 얻으러 다닐 시간에 일할 사람 없어 외국인 노동자 쓰는 건설공사판에 노가다라도 해서 땀 흘려서 돈 벌라고 말해주고 싶습니다.

시행사는 땅을 매수해서 건물을 지어 분양하는 사람들입니다. 모든 시행사의 꿈은 결국, 아파트를 지어 분양하는 것입니다. 자기 땅이 하나 없는 자들이 남의 땅을 가지고, 남의 돈을 당겨서 아파트를 짓겠다는 것이 지역주택조합입니다. 내 땅을 가진 자는 누구의 간섭이나 통제를 받을 일이 없는 자유인입니다. 지역주택조합에 아파트 짓는다고 자기 땅을 내어주는 사람들이 있을까요? 집주인 입장으로 역지사지해서 생각하면 간단히 답이 나옵니다.

그래서 땅을 가진 자가 대한민국 자본주의 세상을 지배하고, 땅을 가진 자가 세상을 가지는 것입니다. 남의 땅을 남의 돈을 당겨서 땅 사고 아파트 짓는 지역주택사업을 하는 제3자인 지역주택 시행사는 사업지에 자기 땅 하나 없는 경우가 대부분입니다.

시행사 경력 20년이 된 후배가 있습니다. 지방 모처 시행사업을 10년간 하고 있습니다. 땅 가진 소유자 한 사람을 잡아서 여태 주상복합 아파트 설계도만 가지고 지금도 주변 50개 필지 땅주인 동의서를 구하러 다니고 있습니다. 추가로 필지 하나도 매수하지 못했습니다.

이제 시행사를 하려면 자기 땅이 있어야 합니다.

최소 50%는 가지고 시작해야 합니다. 시행하는 후배들한테 필자의 땅 이야기를 하면 코웃음을 칩니다. 그 조그만 땅에 뭐 할 게 있냐는 것입니다. 필자는 속으로 이렇게 말합니다.

'야. 이놈아. 너는 서울에 집도 하나 없으면서 뭔 시행사를 하고 아파트를 지어 분양한다고 하나?'

아파트를 지어 분양하는 것만이 최고의 시행사가 아닙니다. 땅은 작아도 최대 법정 용적률로 신축할 수 있는 코너 상업지 부지 땅이 최고입니다. 분양할 것도 없습니다. 자기 땅에 자기 건물을 지어 임대료를 받는 부동산 임대업자가 되면 됩니다. 이것이 최고의 부동산 시행사업자가 아닐까요?

PART

08

부동산 세금 관련
쟁점 6가지

01

상가 임차인 명도비,
세금과 비용 처리

임대인이든, 임차인이든 상가 건물임대차보호법을 공부해야 합니다. 법은 냉정하고 냉엄한 현실을 반영하고 있습니다. 특히 제10조의 제1항 1호부터 8호까지는 꼭 암기해놓아야 합니다.

상가 건물임대차보호법에 임차인의 차임 3기분 연체는 계약해지와 갱신거절 사유에 해당합니다. 여기서 차임 3기분 연체는 월세 3개월 치가 합산해서 연체되는 것을 말합니다.

영등포 건물을 매매하기 전 임차인 2명에 대해 명도소송을 진행했습니다. 2명 모두 차임 8개월 치를 연체한 임차인이었는데, 이 중 1명에 대해 재판부는 임차인에게 권리금을 주고 명도하라는 화해권고 결정을 내렸습니다. 명도소송을 하면서 여러 가지를 깨닫게 되었습니다. 그 내용은 다음과 같습니다.

첫째, 명도소송을 하면서 변호사를 선임하지 말라는 것입니다.

재판부에서는 명도소송을 하는 임대인이 변호사를 선임해서 명도소송을 하는 것을 달갑게 받아들이지 않는다는 것을 느꼈습니다. 법률 지식이 부재하고, 경제적으로 몹시 곤궁한 처지에 있는 임차인을 건물주(임대인)가 변호사까지 선임하는 것에 대해서도 달가워하지 않고, 임대인이 소송까지 끌고 온 사안에 임대인에게 유리한 판결을 내리는 것을 부담스러워한다는 생각이 들었습니다. 사전에 합의 조정하라고 권고하고, 최종적으로 화해권고 결정을 내리는 경우가 대부분입니다.

둘째, 명도소송으로 승소해서 판결문을 받는 것까지는 좋으나, 강제집행까지 가는 것은 어리석은 행동입니다. 강제집행이 명도소송보다 더 어렵습니다. 판결문을 가지고 임차인과 상호협의해서 명도비를 주고 마무리하는 것이 더 좋습니다.

셋째, 민사소송은 재판을 진행하면서 당사자끼리 원만히 합의하는 것이 최선입니다.

민사소송을 진행해봐야 시간과 돈만 들어갑니다. 상가 건물임대차보호법상에는 차임 3기를 연체한 사실이 있는 경우 계약해지사유이자 계약갱신요구권에 대해 거절할 수 있음을 분명히 적고 있습니다. 그런데도 재판부에서는 하나 마나 한 민사소송을 제기하지 말고 알아서 조정하고 화해하라고 이야기합니다.

상가 건물임대차보호법

제9조(임대차기간 등) ① 기간을 정하지 아니하거나 기간을 1년 미만으로 정한 임대차는 그 기간을 1년으로 본다. 다만, 임차인은 1년 미만으로 정한 기간이 유효함을 주장할 수 있다.

② 임대차가 종료한 경우에도 임차인이 보증금을 돌려받을 때까지는 임대차 관계는 존속하는 것으로 본다.

[전문개정 2009. 1. 30.]

제10조(계약갱신 요구 등) ① 임대인은 임차인이 임대차기간이 만료되기 6개월 전부터 1개월 전까지 사이에 계약갱신을 요구할 경우 정당한 사유 없이 거절하지 못한다. 다만, 다음 각 호의 어느 하나의 경우에는 그러하지 아니하다. 〈개정 2013. 8. 13.〉

1. 임차인이 3기의 차임액에 해당하는 금액에 이르도록 차임을 연체한 사실이 있는 경우

2. 임차인이 거짓이나 그 밖의 부정한 방법으로 임차한 경우

3. 서로 합의하여 임대인이 임차인에게 상당한 보상을 제공한 경우

4. 임차인이 임대인의 동의 없이 목적 건물의 전부 또는 일부를 전대(轉貸)한 경우

5. 임차인이 임차한 건물의 전부 또는 일부를 고의나 중대한 과실로 파손한 경우

6. 임차한 건물의 전부 또는 일부가 멸실되어 임대차의 목적을 달성하지 못할 경우

7. 임대인이 다음 각 목의 어느 하나에 해당하는 사유로 목적 건물의 전부 또는 는 대부분을 철거하거나 재건축하기 위하여 목적 건물의 점유를 회복할 필요가 있는 경우

가. 임대차계약 체결 당시 공사시기 및 소요기간 등을 포함한 철거 또는 재건축 계획을 임차인에게 구체적으로 고지하고 그 계획에 따르는 경우

나. 건물이 노후·훼손 또는 일부 멸실되는 등 안전사고의 우려가 있는 경우

다. 다른 법령에 따라 철거 또는 재건축이 이루어지는 경우

8. 그 밖에 임차인이 임차인으로서의 의무를 현저히 위반하거나 임대차를 계속

상가 임차인 명도비에 대한 세금처리와 비용계산에 대해 알아보겠습니다. 세법상으로는 임차인에게 지급하는 대가가 어떤 성격인지에 따라 세무 처리가 달라집니다.

1. 사업자인 임차인의 영업손실보상금에 해당하는 경우

- 세금계산서 발행 대상 아님.
- 원천징수의무 없음.
- 임차인은 추후 본인의 사업소득에 수익으로 포함해 종합소득세를 신고하면 됨.

2. 사업장을 원만하게 명도받기 위해 법정의무 없이 지급하는 합의금에 해당하는 경우
   - 세금계산서 발행 대상 아님.
   - 원천징수의무 있음. → 지급하는 금액의 22%를 공제 후 지급하고, 원천징수한 금액은 임대인이 신고납부해야 함.

3. 임대차계약의 위약 또는 해약으로 인해 지급하는 위약금, 배상금에 해당하는 경우
   - 세금계산서 발행 대상 아님.
   - 원천징수의무 있음. → 지급하는 금액의 22%를 공제 후 지급하고, 원천징수한 금액은 임대인이 신고납부해야 함.

02

상가 1억 원 이상 고액보증금, 간주임대료 부가세 계산

주택형 사무실 건물을 통임대로 계약한 임대인으로부터 전화가 왔습니다. 부동산 중개사무소 개업 전에 부동산 임대사업자를 하고 있을 때는 임차인분들에게 전화가 오면 늘 긴장했는데, 이제는 필자의 사무실에서 부동산을 거래한 손님들의 전화에 긴장하게 됩니다.

전화하신 임대인의 요지는 이렇습니다.

"사장님, 계약서에 간주임대료 부가세를 빠뜨렸네요. 작년부터 기준금리가 급격히 상승해서 정기예금 이자율이 올해 2.9%로 올랐는데, 보증금이 고액인 4억 원이라서 간주임대료 공급가액이 연 1,000만 원이 넘어가요."

기준금리가 급격히 상승해서 정기예금 이자율이 2023년 2.9%로 올랐습니다. 보증금이 고액인 4억 원이라서 간주임대료 공급가액이 1,000만 원이 넘어간다고 합니다. 부동산 중개사무소 사업장 세무기장 대리를 하는 세무사께 문의해봤습니다.

다음과 같은 답변을 들었습니다.

"정기예금금리가 2022년 1.2%에서 2023년 3월 2.9%로 상승했습니다. 2023년 1기분 부가세신고 기간 중 간주임대료 부가세 부담이 늘어 문의 전화가 많았습니다."

금리가 급격히 상승함에 따라 상가나 사무실 임대차계약 시 1억 원 이상의 고액보증금일 경우, 간주임대료 부가세에 대해 부담자를 명확히 해둘 필요가 있습니다.

요약해서 정리해보면,
간주임대료 공급가액계산은 보증금×정기예금금리입니다.
간주임대료 부가세는 보증금×정기예금금리×0.1입니다.
근거법령은 부가가치세법 시행령 65조입니다.

제65조(부동산 임대용역의 공급가액 계산) ① 법 제29조 제10항 제1호에 따라 전세금이나 임대보증금을 받는 경우에는 법 제29조 제3항 제2호에 따른 금전 외의 대가를 받는 것으로 보아 다음 계산식에 따라 계산한 금액을 공급가액으로 한다. 이 경우 국가나 지방자치단체의 소유로 귀속되는 지하도의 건설비를 전액 부담한 자가 지하도로 점용허가(1차 무상점용기간으로 한정한다)를 받아 대여하는 경우에 기획재정부령으로 정하는 건설비 상당액은 전세금이나 임대보증금으로 보지 아니한다.

② 사업자가 부동산을 임차하여 다시 임대용역을 제공하는 경우에는 제1항의 계산식 중 "해당 기간의 전세금 또는 임대보증금"을 "해당 기간의 전세금 또는 임대보증금 − 임차 시 지급한 전세금 또는 임차보증금"으로 한다. 이 경우 임차한 부동산 중 직접 자기의 사업에 사용하는 부분이 있는 경우 임차 시 지급한 전세금 또는 임차보증금은 다음 계산식에 따른 금액을 제외한 금액으로 한다. 〈개정 2021. 1. 5.〉

③ 제1항과 제2항의 경우에 사업자가 계약에 따라 전세금이나 임대보증금을 임대료에 충당했을 때에는 그 금액을 제외한 가액을 전세금 또는 임대보증금으로 한다.

④ 법 제29조 제10항 제2호에 따라 과세되는 부동산 임대용역과 면세되는 주택 임대용역을 함께 공급하여 그 임대구분과 임대료 등의 구분이 불분명한 경우에는 다음 각 호의 계산식을 순차로 적용하여 공급가액을 계산한다.

⑤ 법 제29조 제10항 제3호에 따라 사업자가 둘 이상의 과세기간에 걸쳐 부동산 임대용역을 공급하고 그 대가를 선불이나 후불로 받는 경우에는 해당 금액을 계약기간의 개월 수로 나눈 금액의 각 과세 대상기간의 합계액을 공급가액으로 한다. 이 경우 개월 수의 계산에 관하여는 제61조 제2항 제6호 후단을 준용한다. 〈개정 2018. 2. 13.〉

⑥ 제1항부터 제5항까지에서 규정한 사항 외에 부동산 임대용역의 공급가액 계산에 필요한 사항은 기획재정부령으로 정한다.

출처 : 국가법령정보센터

앞의 조항에 근거해서 계산한 간주임대료는 보증금 4억 원일 경우, 1년 치 부가세가 총 116만 원이 발생한다고 산출되었습니다.

금리가 급격히 올라 2023년부터는 간주임대료 부가세에 대해 계약서에 명시하지 않을 경우, 임대인과 임차인 간 다툼의 소지가 발생할 수 있습니다.

이렇게 세금에 대해서는 어디서 뭐가 나올지를 모르니, 끝없이 공부해야만 합니다.

법제처   국가법령정보센터

부가가치세법 시행령

[시행 2023. 7. 1.] [대통령령 제33271호, 2023. 2. 28., 일부개정]

(handwritten) 간주임대료 계산

(handwritten) ★보증금4억×2.9%=1,160,0000원(10개월)
(handwritten) (부가가치세과 (면세분야), 044-215-4322 / 기획재정부(부가가치세제과), 044-215-4326, 4321

(handwritten) 23년 2기(하반기)분 부과시 5십만원 추가 예상

제65조(부동산 임대용역의 공급가액 계산) ①법 제29조제10항제1호에 따라 전세금이나 임대보증금을 받는 경우에는 법 제29조제3항제2호에 따른 금전 외의 대가를 받는 것으로 보아 다음 계산식에 따라 계산한 금액을 공급가액으로 한다. 이 경우 국가나 지방자치단체의 소유로 귀속되는 지하도의 건설비를 전액 부담한 자가 지하도로 점용허가(1차 무상점용기간으로 한정한다)를 받아 대여하는 경우에 기획재정부령으로 정하는 건설비상당액은 전세금이나 임대보증금으로 보지 아니한다.

$$공급가액 = 전세금 또는 임대보증금 \times \frac{해당\ 기간의\ 과세대상\ 기간의\ 일수}{365(윤년에는\ 366)} \times 계약기간\ 1년의\ 정기예금\ 이자율(해당\ 예정신고기간\ 또는\ 과세기간\ 종료일\ 현재)$$

(handwritten) → 2.9% / 23년 3월 기획재정령 시행규칙 개정

②사업자가 부동산을 임차하여 다시 임대용역을 제공하는 경우에는 제1항의 계산식 중 "해당 기간의 전세금 또는 임대보증금"을 "해당 기간의 전세금 또는 임대보증금 – 임차 시 지급한 전세금 또는 임차보증금"으로 한다. 이 경우 임차한 부동산 중 직접 자기의 사업에 사용하는 부분이 있는 경우 임차 시 지급한 전세금 또는 임차보증금은 다음 계산식에 따른 금액을 제외한 금액으로 한다. <개정 2021. 1. 5.>

$$임차\ 시\ 지급한\ 전세금\ 또는\ 임차보증금 \times \frac{예정신고기간\ 또는\ 과세기간\ 종료일\ 현재\ 직접\ 자기의\ 사업에\ 사용하는\ 면적}{예정신고기간\ 또는\ 과세기간\ 종료일\ 현재\ 임차한\ 부동산의\ 총면적}$$

③ 제1항과 제2항의 경우에 사업자가 계약에 따라 전세금이나 임대보증금을 임대료에 충당하였을 때에는 그 금액을 제외한 가액을 전세금 또는 임대보증금으로 한다.

④ 법 제29조제10항제2호에 따라 과세되는 부동산 임대용역과 면세되는 주택 임대용역을 함께 공급하여 그 임대구분과 임대료 등의 구분이 불분명한 경우에는 다음 각 호의 계산식을 순차로 적용하여 공급가액을 계산한다.

1. $$임대료\ 등의\ 대가\ 및\ 제1항에\ 따라\ 계산한\ 금액 \times \frac{토지가액\ 또는\ 건물가액}{토지가액과\ 정착된\ 건물가액의\ 합계액} = 토지분에\ 대한\ 임대료\ 상당액\ 또는\ 건물분에\ 대한\ 임대료상당액$$

2. $$제1호에\ 따른\ 금액 \times \frac{과세되는\ 토지임대면적}{총토지임대면적} = 토지임대공급가액$$

03

건물분 부가세 포괄 양도양수 예시
– 부가세 특약사항

　상업용 건물 상가주택 매매계약 시 실무에서는 포괄 양도양수 계약을 특약에 넣습니다. 상가 건물 매매, 상가 매매 시 건물분 부가세에 관해 특약사항에 포괄 양도양수 계약임을 명확히 해야 합니다. 사업을 해온 분들은 부가세 개념을 잘 아시지만, 원천징수해서 매달 월급을 받는 봉급생활자는 부가세 개념을 전혀 이해하지 못하는 경우가 많습니다.

　필자는 중고등학교 때부터 국가세금 구조에 대한 교육을 꼭 해야 한다고 생각합니다. 특히 부가세 개념을 이해하지 못하고, 상거래 관계의 기브 앤 테이크 구조를 알지 못하면(매출세액에서 매입세액 공제 처리) 세상사 거래관계의 이치를 모를 수밖에 없습니다.

　결론은 매수인이 묻지도 따지지도 말고, 간이과세가 아닌 일반과세 부동산 임대사업자 등록 신고를 해야 포괄 양도양수 계약이 성립하고 효력이 발생한다는 것입니다.

건물 매도 시나 잔존가치가 거의 없는 40년 이상 된 건물 외에는 꼬마빌딩, 상가 건물, 상가주택의 경우, 반드시 매수인이 무조건 잔금 전 일반과세 부동산 임대사업자로 등록해야만 포괄양수도 계약이 성립합니다.

건물 연면적 기준, 일정 면적이 넘는 건물 또는 임차 대상 상가의 연면적이 일정 부분을 초과하는 부동산 임대사업자는 일반과세자로 등록이 사실상 의무화되어 있다고 보면 됩니다. 간이과세자로 등록할 때도 후일 건물 매도 시에는 결국 포괄 양도양수 계약을 위해서는 일반과세로 전환할 수밖에 없습니다.

몇 가지 특약사항을 예시하면 다음과 같습니다.

1. 상가 건물 매매 시 특약
건물분가액은 따로 계산해서 부가세를 특정 명시해야 합니다. 특히 매도인이 개인 부동산 임대사업자이고 매수인이 법인일 경우, 포괄 양도양수 계약이 성립할 수 없습니다. 반드시 부가세를 매도인이 매수인으로부터 받아 매수인에게 세금계산서를 발행해서 부가세를 납부해야합니다. 실무에서는 매수인 대리 납부 형식으로 매수인이 매도인을 대리해서 건물분 부가세를 납부하고 환급받는 형식으로 특약사항에 명시

합니다.

2. 매도인이 간이과세자인 경우 포괄 양도양수 특약

상가주택이면 매도인의 사업자가 간이과세일 경우, 포괄 양도양수 계약을 하기 위해서는 매수인이 계약서를 작성 후 잔금 전 반드시 일반 과세로 사업자등록을 해야 합니다. 단, 포괄 양도양수 계약이 되지 않을 시 매도인이 간이과세자면 건물분가액에 대한 현금영수증을 발급합니다. 매수자의 매입세액공제 여부는 다음과 같습니다.

매도인이 연 매출 4,800만 원 미만자는 부가세 포함 공급대가로 현금영수증을 발행합니다. 연매출 4,800만 원에서 8,000만 원 미만자는 세금계산서 발행 및 낮은 요율의 부가세 납부 대상입니다. 매수자(일반 과세자)가 연매출 4,800만 원 미만자로부터 매입 시 매입세액 공제가 불가합니다. 4,800만 원에서 8,000만 원 미만자로부터 매입 시에는 매입세액 공제가 가능합니다.

결론적으로 연매출 4,800만 원 미만의 간이과세 매도인으로부터 현금영수증을 발급 시 매수인의 매입세액 공제(부가세 환급)는 불가합니다. 그러므로 계약서 작성 시 부가세 부분을 상호 협의해야만 합니다.

3. 통건물 지분매매인 경우

포괄 양도양수 계약임을 특약에 명시하면 됩니다. 이 경우에도 일반 과세자로 매수인이 계약 후 반드시 사업자등록을 해야 합니다.

4. 멸실 예정인 건물인 경우

매수인이 건물을 멸실하고 신축할 예정이면 건물분가액은 0원입니다. 관행적으로 건물분 부가세가 없는 것으로 특약에 명시했으나, 건물가액을 0원으로 하는 경우는 근거법령이 부재합니다. 그러므로 부가세법 시행령 제64조(토지와 건물 등을 함께 공급하는 경우 건물 등의 공급가액 계산) 제②항이 2022년 2월 15일자로 신설되었습니다.

부가가치세법 시행령

② 법 제29조 제9항 제2호 단서에 따라 다음 각 호의 어느 하나에 해당하는 경우에는 건물 등의 실지거래가액을 공급가액으로 한다. 〈신설 2022. 2. 15.〉

부가세법 시행령상 상위근거법령은, 부가세법 29조 ⑨항 단서규정이다.

부가세법 29조(과세표준) ⑨ 사업자가 토지와 그 토지에 정착된 건물 또는 구축물 등을 함께 공급하는 경우에는 건물 또는 구축물 등의 실지거래가액을 공급가액으로 한다. 다만, 다음 각 호의 어느 하나에 해당하는 경우에는 대통령령으로 정하는 바에 따라 안분계산한 금액을 공급가액으로 한다. 〈개정 2018. 12. 31., 2021. 12. 8.〉

출처 : 국가법령정보센터

---

1. 실거래가액 중 토지의 가액과 건물 또는 구축물 등 가액의 구분이 불분명한 경우

2. 사업자가 실지거래가액으로 구분한 토지와 건물 또는 구축물 등의 가액이 대통령령으로 정하는 바에 따라 안분계산한 금액과 100분의 30이상 차이가 있는 경우. 다만, 다른 법령에서 정하는

바에 따라 가액을 구분한 경우 등 대통령령으로 정하는 사유에 해당하는 경우는 제외합니다.

건물을 철거하고, 토지만 사용하는 경우, 건물분가액을 0원(없는 것)으로 하는 근거법령은 마련했으나, 이 경우 매도인의 양도세가 문제가 될 수 있습니다. 즉, 취득가액이 축소되고, 양도가액은 건물분가액이 0원으로 되어 매도인의 양도세 부담이 늘어나는 문제점이 발생합니다.

04

아파트 매도 예상 양도세 초과와 장기보유특별공제

양도세 감면 아파트를 매도한 후에 양도세 계산신고를 의뢰한 세무사님으로부터 연락이 왔습니다. 수수료를 입금 후 이메일을 보내주겠다고 합니다. 세금을 계산하는 데 시간이 배 이상 걸렸다고 합니다. 수수료를 평소의 배 이상을 더 받아야 하나, 여러 차례 상담과 의뢰한 거래가 있어 평소에 주던 세무대리수수료를 입금해달라고 했습니다.

수수료를 입금 후 이메일이 왔습니다. 결과는 예상 양도세보다 2,000만 원이 초과되어 더 나왔습니다. 이번 양도소득세 정산 결과를 보면서 내린 결론은 '아파트가 10억 원이 오르면 뭐 하나. 세금 내고 남는 것이 진짜 내 돈이다'라는 것입니다.

1. 양도세 합산 배제는 1가구가 소유한 아파트 중 부부간 명의가 다를 경우 합산하지 않습니다.

작년 거주 주택 매도로 비과세를 받기 위해 양도세 감면 아파트 양도세 합산 배제를 위해 계약일 후 1년 뒤로 잔금을 미룬 것이 실책이었습니다. 2020년 재산세와 종부세를 낸 것을 합치면 500만 원은 족히 더 부담한 것이었습니다.

2. 장기보유특별공제 할인 축소

실거주하지 않은 주택은 장기보유특별공제(이하 장특공) 할인이 축소됩니다. 장특공 할인액수가 이렇게 클 줄은 양도세신고 상세내역을 보고 알았습니다. 2,000만 원 추가로 나온 결정적인 이유가 여기에 있었습니다.

3. 세무사에게 유상으로 사전 세금 상담과 의뢰는 필수

혼자만의 계산으로 양도세 계산을 잘못해서 세금 때문에 매도 타이밍을 놓칠 수 있습니다. 잔금청산 시기를 장특공 할인을 최대한 받아낼 수 있는 때로 맞추느냐, 아니냐에 따라 세금 수천만 원이 왔다 갔다 합니다.

세무사 의뢰 수수료는 절대 아끼면 안 됩니다. 그간 수없이 상담하고 의뢰했으면서 양도세 감면 아파트를 매도하면서 대수롭지 않고 가볍게 생각한 것이 실책입니다. 그런데 양도세 전문 세무사는 거의 없습니다. "왜 양도세는 안 하시냐?"라고 물어보면 공통으로 이렇게 답합니다.

"돈이 안 됩니다."

"돈도 안 되지만 몇 푼 받아봐야 계산 잘못하면 받은 돈에 몇 배나 물어줘야 합니다."

"그리고 하도 법이 바뀌어서 세무사들도 골치 아프고, 돈도 안 되어 양도세를 포기한 세무사가 많습니다."

05

건물 해체 멸실 시 건물분 부가세 다툼 문제와 해결방안

건물 해체 멸실을 조건으로 근생 건물, 상가 건물 매매 시 건물분 부가세에 대해 매도인과 매수인 사이에서 다툼이 발생하는 경우가 있습니다. 심지어 소송까지 가는 사례도 있습니다.

2022년 부가세법 시행령이 개정되어 건물 멸실조건으로 매매 시 건물분가액을 0원으로 해서 부가세는 발생하지 않습니다. 그러나 건물분가액을 0원으로 할 경우, 매도인에게는 양도세 폭탄이 될 수 있습니다. 토지분과 건물분 기준시가 표준액을 안분하는 것이 원칙이지만, 40년 이상 된 건물로 멸실 예정인 경우, 감정평가서를 받아놓는 것이 최선의 대안이 될 수 있습니다.

부가가치세법 시행령

제64조(토지와 건물 등을 함께 공급하는 경우 건물 등의 공급가액 계산) ① 법 제29조 제9항 각 호 외의 부분 단서 및 같은 항 제2호 본문에 따른 안분계산한 금액은 다음 각 호의 구분에 따라 계산한 금액으로 한다. 〈개정 2015. 2. 3., 2016. 8. 31., 2019. 2. 12., 2022. 1. 21., 2022. 2. 15.〉

1. 토지와 건물 또는 구축물 등(이하 이 조에서 '건물 등'이라 한다)에 대한 '소득세법' 제99조에 따른 기준시가(이하 이 조에서 '기준시가'라 한다)가 모두 있는 경우 : 공급계약일 현재의 기준시가에 따라 계산한 가액에 비례하여 안분(按分) 계산한 금액. 다만, 감정평가가액[제28조에 따른 공급시기(중간지급조건부 또는 장기할부판매의 경우는 최초 공급시기)가 속하는 과세기간의 직전 과세기간 개시일부터 공급시기가 속하는 과세기간의 종료일까지 '감정평가 및 감정평가사에 관한 법률'에 따른 감정평가법인 등이 평가한 감정평가가액을 말한다. 이하 이 조에서 같다]이 있는 경우에는 그 가액에 비례하여 안분 계산한 금액으로 한다.

2. 토지와 건물 등 중 어느 하나 또는 모두의 기준시가가 없는 경우로서 감정평가가액이 있는 경우 : 그 가액에 비례하여 안분 계산한 금액. 다만, 감정평가가액이 없는 경우에는 장부가액(장부가액이 없는 경우에는 취득가액)에 비례하여 안분 계산한 후 기준시가가 있는 자산에 대해서는 그 합계액을 다시 기준시가에 의하여 안분 계산한 금액으로 한다.

3. 제1호와 제2호를 적용할 수 없거나 적용하기 곤란한 경우 : 국세청장이 정하는 바에 따라 안분하여 계산한 금액

② 법 제29조 제9항 제2호 단서에 따라 다음 각 호의 어느 하나에 해당하는 경우에는 건물 등의 실지거래가액을 공급가액으로 한다. 〈신설 2022. 2. 15.〉

1. 다른 법령에서 정하는 바에 따라 토지와 건물 등의 가액을 구분한 경우
2. 토지와 건물 등을 함께 공급받은 후 건물 등을 철거하고 토지만 사용하는 경우

출처 : 국가법령정보센터

담당 세무회계법인 회신 내용

기재부에서 입법예고한 부가가치세법 시행령 개정안 중에 다음의 내용이 포함되어 있어서 알려드립니다.

토지와 건물 등을 함께 공급하면서 사업자가 다른 법령에서 정한 토지 또는 건물 등의 양도가액에 따라 토지와 건물의 실지거래가액을 구분하거나, 건물 등을 철거하고 토지만 사용하는 경우 사업자가 구분한 토지와 건물 등의 실지거래가액이 대통령령으로 정하는 바에 따라 안분계산한 금액과 30% 이상 차이가 나더라도 실지거래가액을 공급가액으로 하도록 합니다.

즉, 2022년 이후 매도분부터는 건물 등이 있는 토지를 취득해서 건물을 철거하고 토지만 사용하는 경우로서 계약서에 건물가액을 '0원'으로 기재한 경우 건물분 부가가치세는 없다는 뜻입니다.

건물가액 '0원'으로 인정받기 위해서는 다음의 3가지 요건을 모두 충족해야 합니다.

1. 멸실목적 취득

2. 계약서에 건물가액 '0원'으로 기재

3. 실제로 멸실

위의 계약서상으로는 멸실목적 취득인지 불명확하고 여러 가지 변수에 의해 멸실이 진행되지 않을 경우, 건물가액을 '0원'으로 인정받기 어려우며 이런 경우 부가세가 추징될 수 있으니 유의하셔야 합니다.

또한 멸실 예정의 양도인 경우, 포괄양수도로 인정이 될지의 여부는 과세관청의 판단사항이나 포괄양수도의 개념과 취지로 보아 포괄양수도로 인정받기 어려울 것으로 판단됩니다.

부가세와 관련해서 한 가지 더 추가적으로 말씀드리자면 건물가액을 '0원'으로 인정하는 경우 부가세는 없지만, 양도세 계산 시 건물의 양도는 없는 것으로 보아 취득 당시 들어간 건물분 취득가액이 인정되지 않으므로 양도세 과세차익은 더 커질 수 있습니다.

건물분 부가세 해결책 모색

원칙적으로 매매가격 대비 토지분 공시지가와 건물분 시가표준액을 안분한 건물가액에 30%를 가감할 수 있습니다. 건물분 부가세는 매수인 측에서는 부가세 환급을 못 받으니 건물분가액 0원으로, 매도인 측은 최초 매입가에서 건물분가액이 공제되어 매입원가가 낮아지는 양측의 상충된 이해관계가 부딪힙니다.

해결책은 감정평가를 받아 토지분과 건물분 감정평가서를 양도세 산출내역에 증빙서류로 첨부하는 것이 최선이 될 수 있습니다.

영등포 건물 토지 건물안분가 및 안분평가액에 따른 감정평가 명세표

기준시가		
건물	토지	합계
82,683,228	705,767,200	788,450,428
138,683,771	1,399,753,000	1,538,436,771
2,749,760	518,225,000	520,974,760
224,116,759	2,623,745,200	2,847,861,959

(단위 : 원)

안분금액		
건물	토지	합계
204,492,621	1,745,507,379	1,950,000,000
392,134,675	3,957,865,325	4,350,000,000
9,500,591	1,790,499,409	1,800,000,000
606,127,887	7,493,872,113	8,100,000,000

출처 : 더줌 세무회계법인

토지건물 감정평가 명세표

| 일련
번호 | 소재지 | 지번 | 지목
및
용도 | 용도지역
및
구 조 | 면 적 (㎡) | | 감 정 평 가 액 | | 비 고 |
					공 부	사 정	단 가	금 액	
				(내)					
				1층	61.09	297.91	186,000	55,411,260	930,000 ×10/50
				2층	78.94				
				3층	78.94				
				4층	78.94				
				지층	100.00	100.00	124,000	12,400,000	620,000 ×10/50
				옥탑	9.37	9.37	80,000	749,600	400,000 ×10/50
	소 계							4,330,045,360	
							(토지 : 건물 = 98.42% : 1.58%)		
	합 계							₩8,080,654,000	
							(토지분 : 7,943,251,200)		
							(건물분 : 137,402,800)		
							(전체 토지:건물 비율 = 98.30% : 1.70%)		

출처 : 아이엠감정평가원의 감정평가서 중 일부 발췌

06

법인주택 근생전환 시
세금 정리

요즘은 개인 소유든, 법인 소유든 주택 매매 시 대출과 종부세 문제로 주택을 근생으로 전환하는 추세입니다. 법인 소유 주택을 근생으로 전환하는 매매 특약을 넣어 계약서를 작성하는데, 실상은 대출을 받기 위해서라고 합니다.

근생 전환 유무에 따라, 수십억 원의 세금이 왔다 갔다 하므로, 이 부분은 주의 깊게 살펴봐야 합니다.

땅을 딛고 있는 건물분 등기가 있는 토지+(주택 또는 상가주택, 상가건물) 일괄 매매를 두고 하는 이야기입니다. 이제는 세금을 떼놓고 절대 부동산을 논할 수가 없습니다.

양도차익이 수십억 원이 되면 뭐합니까? 세금부터 해서 차 떼고, 포

떼면 고기 건더기는 하나 없고 뼈다귀 국물밖에 남지 않습니다.

부동산 소유자라면 세금 특히, 양도소득세를 공부해야 합니다. 법인이 소유한 부동산을 양도할 경우, 핵심은 '법인이 양도한 부동산이 주택, 비사업용 토지인 경우 일반 법인세 외에 양도차익에 대해 20%의 법인세가 추가로 과세된다' 라는 것입니다.

묻지도 따지지도 말고 무조건, 암기해야 합니다.

1. 법인 소유 부동산 양도는 별도의 양도소득세를 부담하는 것이 아니라 양도차익에 대해 법인세를 납부합니다.

2. 양도한 부동산이 주택, 비사업용 토지인 경우 1번의 법인세 외에 양도차익에 대해 20%의 법인세가 추가로 과세됩니다.

3. 개인이 상가를 양도하는 경우 단기양도에 해당하지 않는다면 일반과세(6~45%)됩니다. 단기양도(2년 미만)라면 50%, 40% 세율을 적용해서 계산된 금액으로 과세됩니다.

4. 매매계약일 현재 건물이 있었으나 매매 특약에 의해 잔금청산 전에 건물을 철거해도 세율 차이는 없습니다.

5. 근생으로 용도변경한 경우 법인세 추가 과세 대상은 아니지만, 건물분에 대한 부가세가 발생합니다.

6. 계약일 현재는 주택인데 잔금일 전까지 용도변경을 완료한다는 특약
   사항으로 기재 시 과세관청과 다툼이 발생할 소지가 다분합니다.

즉, 주택으로 실거래를 신고해야 하고, 매도자는 주택으로 양도하며, 매수자는 주택취득 자금조달계획서를 작성해 제출해야 합니다. 주택이면 계약 시 주택이었으나 매매 잔금 전 근생으로 용도변경해서 매도인은 1주택 비과세를 받을 수 있었습니다. 매수법인은 취득세 중과를 피할 수 있었으나, 2022년 10월 21일 매매계약 체결분부터 과세관청의 유권해석이 변경되었습니다. 이후 주택 상태로 매입해야 하는 건물은 거래가 거의 되지 않고 있는 상황입니다.

왜 거래가 거의 되지 않을까요? 이유는 다음과 같습니다.

첫째, 대출입니다.

주택은 탁상감정에서 방공제를 하는데, 은행에서 방 개수당 5,500만 원을 공제합니다. 이것은 소액 임차인을 보호하기 위해서입니다.

둘째, 취득세 중과입니다.

법인이 주택 외의 부동산(근린생활시설) 취득 시 4.6%의 세율을 적용받고, 주택취득 시 13.4%의 세율을 적용받습니다.

7. 공동사업자로 시행해도 개인 소유의 토지 건물에 대한 양도소득세가
   발생합니다.

개인 명의로 시행할 경우, 오피스텔이 분양될 때마다 예정신고를 해야 하며, 소득세로 과세되어 세 부담이 커질 수 있습니다.

세금은 세무사에게 의뢰하거나 본인이 직접 공부하지 않는 한, 아무도 모릅니다. 반드시 세금을 공부하십시오. 말씀드린 7가지 사항만 잘 보셔도 세금 문제의 상당 부분은 해결할 수 있습니다.

나를 지키는, 나 홀로 하는
법률 분쟁 대응방안

01

내용증명은 카카오톡이나
휴대전화 문자 메시지로

내용증명은 공식적으로 자신의 의사표시 내용을 문서로 만들어서 보내는 증명서의 역할을 합니다. 통상 3부를 작성해서 우편 등기로 보내는 것이나, 법령 등으로 정해진 발송 방법은 없습니다. 이제는 굳이 우편으로 보내지 마십시오. 휴대전화로 즉각적이고 신속하게 문자 메시지나 카카오톡 메시지(이하 카톡)로 보내면 됩니다.

문자 메시지나 카톡 메시지(1자가 사라지면 수신 확인된 것)로 보낸 메시지를 캡처해서 후일 증거자료로 첨부하면 됩니다. 이제부터는 내용증명을 우편 등기가 아닌 휴대전화 문자 메시지나 카톡으로 간편하게 하십시오.

내용증명의 양식 또한 특별히 정해진 것은 없으나, 예시를 살펴본다면 다음과 같습니다.

내용증명

수신인 : ○○○

제목 : 계약해제(해지) 통보

수신인 ○○○은 ○○월 ○○일자에 이행하기로 한 계약금을 불이행
했기에 계약해제(해지) 통보한다.

20○○년 ○○월 ○○일

발신인 ○○○

내용증명 작성 시 참고할 법률용어 문구

아내가 알고 지내는 부동산 중개사무소 사장님이 상가관리사무소에서 내용증명을 받았다고 합니다. 변호사를 선임해서 대응해야 하는지, 답변서부터 어떻게 해야 할지 어찌할 바를 모르겠다고 아내에게 하소연했습니다.

그래서 제 중개사무소로 오시라고 했습니다. 수신한 내용증명을 검토하고, 10분 만에 회신(답신)내용증명을 작성해주었습니다. 밥을 사겠다고 정말 고맙다고 하더니, 아직 전화 한 통도 없습니다. 경험상 이럴 때는 무소식이 희소식입니다.

형사사건이 아닌 민사사건 내용증명 작성 시 참고할 법률용어와 문구 몇 가지를 알려드리겠습니다.

1. 민법 2조 신의성실의 원칙(신의칙)

신의칙은 줄임말이므로 특별한 언급은 생략하겠습니다. 신의칙에서 파생되는 원칙이 바로 금반언의 원칙입니다. 선행행위를 신뢰해서 법률행위를 했는데, 후일 모순되는 후행 행위에 대해 효력을 부정하는 원칙을 말합니다. 굉장히 중요하고, 민사판례에 많이 언급이 많이 되는 문구입니다.

2. 사실인 관습

법률행위를 해석할 때, 임의법규에 우선해서 적용됩니다. 당사자가 계약서에 특약으로 명시한 사항이라도 사실인 관습이 존재하고, 현재 진행형이라면 임의법규나 당사자 특약보다 관습이 우선합니다.

관습법이란 사회의 거듭된 관행으로 생성한 사회생활 규범이 사회의 법적 확신과 인식에 의해서 법적 규범으로 승인 강행되기에 이른 것을 말합니다. 이에 반해, 사실인 관습은 법적 규범으로서 승인된 정도에는 이르지 않은 것을 말합니다. 강행규정에는 적용될 수 없으나, 임의규정에는 임의규정의 해석기준으로서 또는 의사를 보충하는 기능으로서 적용될 수 있습니다.

3. 정당한 업무로 인한 행위, 사회상규에 위배되지 않는 행위

민형사상 위법성을 조각하는 정당행위입니다. 업무로 인한 행위와 그중 사회상규에 위배되지 않는 행위에 대해서는 불법행위를 주장하는 상대에 대한 반박논리로 대응하는 것이 좋습니다.

법 규정을 적용할 경우, 모호하거나 애매한 민사관계는 이 3가지를 고려해서 내용증명문구를 작성하면 대부분 이 안에 다 포섭됩니다.

02

계약서의 중요성과
계약서 공증에 대한 착각

우리의 일생은 계약의 연속입니다. 부동산 계약서를 작성하듯이, 금전 거래도 부동산 계약서를 작성하듯이 해야 합니다. 그래야 후일 소송이나 분쟁 발생 시에도 신속하게 대응방안을 강구할 수 있습니다. 계약서는 채권자와 채무자 사이의 계약해제권과 해지권을 누가 먼저 유리하게 선점하느냐가 중요합니다.

동시이행관계란, 소유권이전 잔금청산일에 매도자가 부동산 권리증 등 소유권이전에 필요한 서류를 제공하고, 매수자는 잔금을 이행하는 관계를 동시에 이행해야 한다는 것입니다. 쌍무계약의 일방당사자에게 동시이행을 촉구하는 것을 동시이행의 항변권이라고 합니다. 동시이행 관계에서 선이행을 했음에도 상대방이 동시에 이행의무를 하지 않을 경우에 계약해제(해지)할 수 있습니다.

계약서는 동시이행의 항변권을 누가 먼저 유리하게 선점하느냐 하는 것이 중요하고, 이행하지 않는 일방당사자에게 위약벌을 명확히 해서 특정해두는 것이 관건입니다.

계약금은 일방당사자의 중도금이나 잔금 미이행 시 해약금(위약금)으로 간주합니다. 중도금과 잔금기일에 의무를 미이행 시 당사자에게 위약금을 명확히 규정하면, 소송까지 갈 일도 없이 보전처분(가압류)으로 채권을 확보할 수 있는 것입니다. 보전처분(가압류)하기 위해서는 일방당사자의 부동산이나 예금통장번호가 계약서에 특정될 경우가 전제되어야 함은 물론입니다.

당사자 중 일방이 돈을 빌려줄 때 공증하는 경우가 많이 있습니다. 공증 자체가 채권을 확보하는 것으로 착각하는 분들이 많이 있는데, 그렇지 않습니다. 공증 중에서 차용증이나 금전소비대차계약서 등에 대한 '사서 공증'은 큰 의미가 없습니다. 그냥 공증인이 이러이러한 계약서가 당사자의 의사대로 잘 작성되어 있다는 것에 대한 증인을 서는 개념일 뿐입니다.

물론 공증인 사무실에 차용증 등 문서 1부를 보관하고 있지만, 그 이상도 그 이하도 아닙니다. 만약 돈을 돌려주지 않는다면 법원에 소송을 제기해야 합니다. 소송에서 승소한 다음에 그 판결문을 가지고 채무자의 재산을 찾아 강제집행을 해야 합니다.

전술한 '사서 공증'보다 더 강력한 것이 '공정증서 공증'입니다. 공증인 사무실에 비치된 양식에 따라서 내용을 작성하게 되는데, 이렇게 작성된 공정증서는 판결문과 같은 효력을 갖기 때문입니다. 돈을 돌려주지 않는다면 소송을 제기할 필요도 없이 바로 채무자의 재산에 강제집행을 할 수 있습니다.

이렇게 보면, 공증을 받는 것은 아무것도 안 하는 것보다는 도움은 될 것입니다. 그런데 보통 금융기관이 아닌 개인에게 돈을 빌리려는 채무자들은 ① 가지고 있는 재산이 없거나, ② 재산이 있어도 이를 타인 명의로 꼭꼭 숨겨놓은 경우가 대부분입니다. 이 경우, 판결문이나 공증받은 공정증서가 100장이 있어도 채무자가 재산이 없다면 돈을 받을 수가 없습니다.

은행에 돈을 빌리려면, 요구하는 수많은 서류를 제출해야 합니다. 수많은 서류는 모두 차주(돈 빌리는 사람)의 돈을 갚을 수 있는 능력을 객관화해서 확인하려는 서류들입니다. 은행에서 요구하는 정도까지는 아니더라도, 사인 간의 금전 거래에 있어서는 금전을 지불할 담보 능력이 있는지를 반드시 확인하고 돈을 빌려주어야 합니다.

결론적으로, 누구에게 돈을 빌려줄 경우 가장 확실하게 다시 돈을 돌려받는 방법은 상대방이 부동산이 있는지 확인하고, 그 부동산에 근저당권 같은 담보를 잡고 나서 돈을 빌려줘야 합니다. 만약 부동산이 없다면, 전세보증금에라도 질권 같은 담보를 잡아야 합니다.

그래서 부동산 소유권이 있는 사람하고만 금전 거래를 해야 합니다. 민사소송을 해서 승소하면 뭐합니까? 상대방에게 강제집행할 대상, 물건이 없으면 백날 승소해봐야 아무 소용이 없습니다.

계약서상 상대의 채무 불이행의 경우, 명확히 특정된 위약벌(위약금)이 명시되지 않는 한 민사소송 시 최종 결정은 청구금액의 1/2 판결이 난다고 보시면 됩니다. 민사소송 시 법원의 최종 판결이나 결정은 원고의 청구금액이 다 받아들여지기는 어렵습니다. 승소할 확률을 따져보고 소송을 해야 합니다. 패소 시 상대측 변호인의 소송비용청구가 들어옵니다. 그래서 최초 계약서가 가장 중요한 것입니다.

채무자가 공증을 받아주겠다고 하는 말에 넘어가서는 안 되고, 돈거래 상대의 부동산 소유권 확인이 되지 않으면 거래하지 마세요.

돈거래의 철칙입니다.

03

경찰 고소장 접수 팁

오래전부터 알고 지내던 지인분에게서 연락이 왔습니다. 민사소송 피소를 당해 원고의 사문서위조 행사와 관련해서 경찰에 고소장 접수를 어떻게 할지를 카톡으로 묻다가 문득 이런 생각이 들었습니다. 경찰 고소장 접수에도 요령이 필요합니다.

경찰 독자 수사권 조정 후 충분히 예상했던 사항입니다. 이전에도 일반인들이 경제사범에 대해 고소장을 작성한 것은 거의 반려되는 경우가 태반이었습니다. 과거 변호사를 선임해서 고소하는 경우는 경찰 조사 후 불기소, 기소 의견으로 무조건 검찰에 전부 송치했습니다. 그런데 이제는 불송치 결정으로 완전히 모르는 수사가 되어가고 있는 것이 현실입니다.

경찰 단계 고소장 접수 팁을 2가지만 알려드리겠습니다.

첫째, 변호사 말고 고소인 스스로 권리를 찾으십시오.

직접 고소장을 작성하십시오. 고소장의 내용은 무조건 한 장입니다. 육하원칙에 의해 5줄로 범죄사실을 요약하고 적용법조를 기재하면 끝입니다. 피고소인과 고소인 인적 사항을 포함해서 세 페이지가 넘어가는 고소장은 경찰이 민사로 간주해서 각하, 반려될 가능성이 큽니다.

상세한 고소 내용은 고소보충조서 작성 시 진술하고, 증거자료를 제출한다고 하세요. 단, 피고소인이 주거 부정(주거가 일정하지 않은지, 증거 인멸이나 도망의 염려보다 최우선으로 고려하는 필요적 구속 사유)이나 증거 인멸, 도망의 염려가 있는 자일 경우는 추가 기재하는 것도 좋습니다.

둘째, 반드시 우편접수를 하십시오.

경찰서 민원실 귀중으로 해서 등기 우편으로 고소장을 접수하십시오. 민원실에 가서 개인이 혼자 고소장을 접수하러 왔다고 하지 마시고, 우편접수를 하시기를 바랍니다. 민원실을 통하면 적용법조가 형사과 사건이 아니고, 경제사범이라면 십중팔구 무조건 반려됩니다.

정신을 바짝 차려야 합니다. 누구도 자신의 권리구제를 대신에 해줄 사람은 없습니다. 특히, 금전 거래는 늘 명확하게 해야 합니다. 말로 하는 거래, 특히 동업, 투자 관계는 후일 반드시 분쟁이 일어납니다.

계약서를 분명히 작성하시고, 거래당사자가 부동산 소유권이 있는지 확인하십시오. 담보권을 설정해줄 능력이 있는 사람과만 거래하셔야 합니다.

04

한 번에 끝내는
지급명령 청구

지급명령은 소송보다 훨씬 간단하게 진행되는 법적 절차입니다. 지급명령을 신청할 때는 전자소송으로 지급명령 신청서를 작성합니다. 작성 후 돈을 받아야 할 채권이 있다는 계약서 혹은 카톡이나 문자 메시지로 보낸 내용증명(문자 메시지나 카카오톡으로 보낸 최고장)을 캡처해서 첨부하면 됩니다.

단, 내용증명을 보낸 이후 채무이행에 대한 상대방의 태도나 반응이 어떠한지에 대한 보정명령을 내리는 경우가 있습니다. 지급명령을 신청받으면 상대가 청구서 도달 후 2주 이내에 이의신청을 하지 않으면 법원은 바로 지급명령을 내립니다. 법원의 지급명령서는 이행판결과 같은 효력을 가지고 있어 즉시 강제집행을 할 수 있습니다. 나 홀로 하는 소송이라면 지급명령 청구가 최선이 될 수 있습니다.

지급명령 신청서

채권자 : ○○○
채무자 : ○○○

대여금 청구 독촉사건

신청 취지
채무자는 채권자에게 금 10,000,000원 및 이에 대한 지급명령 송달
다음 날부터 다 갚은 날까지 연 12%의 비율에 의한 금원과 다음의 독
촉절차비용을 지급한다.

- 다 음 -

독촉절차 비용 전자소송으로 진행하면 소가입력 시 인지대와 송달료
가 자동 계산됨.
금_____원
(내역 : 인지대_____원, 송달료_____원)

신청원인
1.
2.

입증방법
1. 갑 제1호증 내용증명
2. 갑 제2호증 차용증명

20○○. . .

위 채권자   (인)
서울○○지방법원   귀중

05

소송 전 가압류 보전 처분

　가장 강력한 채권 확보 수단이 무엇일까요? 돈을 빌리고 갚지 않는 채무자에게는 지급명령 청구나 소 제기 전 가압류에 의한 보전처분이 강력한 효력을 발휘합니다.

　단, 전제조건은 가압류할 대상 물건인 채무자의 부동산이나 은행 통장번호를 알고 있어야만 합니다. 그래서 계약서나 이행각서 등에 채무자의 부동산이나 예금통장을 특정해두어야 합니다. 이것은 아무리 강조해도 지나치지 않습니다. 채무자의 부동산, 예금통장이 특정된다면 계약서에 대해 공증을 받을 필요도 없습니다.

문제의 소재

앞서 계약서 작성이 중요하고, 계약서 공증을 하는 경우에도, 채무자의 부동산이 없는 경우에는 100장의 공정증서 공증이 있더라도 무용지물에 가깝다고 했습니다. 그렇다면 계약서 작성 시부터 채권을 안전하게 확보할 수 있는 방안에 대해 말씀드리겠습니다.

채권자의 채권을 확보할 방안을 강구하기 위해서는 부동산 소유권이나 채무자의 전세계약서, 하다못해 자동차라도 가지고 있는 사람에게 돈을 빌려주어야 하는 것이 전제되어야 합니다.

계약서 작성 시 준비사항

계약서 작성 시부터 채무자의 소유 부동산이나 예금통장번호, 자동차번호 등을 특정해야 합니다. 부동산인 경우, 등기부등본을 열람하거나 전세계약서 사본 등이 필요합니다. 예금통장번호는 채권자가 돈을 빌려주면서 이체하는 채무자의 통장번호를 계약서에 특정합니다. 자동차는 채무자의 인적사항에 차량번호를 특정하고, 자동차등록원부를 첨부하는 형식으로 계약서에 첨부합니다. 만일, 자동차등록원부가 확보되지 않을 시는 자동차 가압류 신청 시 신청 취지에 자동차등록원부를 발급받을 수 있는 보정명령을 요청하고, 법원의 보정명령서에 의해 자동차등록원부를 발급받으면 됩니다.

이행각서 형식으로 작성

반드시 채무불이행 시 위약벌을 특정해서 이행각서 형식으로 작성합니다. 채무불이행 다음 날 최고장을 발송(내용증명 형식으로 카톡과 문자 메시지 등으로 발송)하고, 최고장의 최후 독촉 이행기한 경과 후 즉시 가압류를 신청합니다.

가압류 신청 방법

① 전세계약서상 보증금에 대한 가압류

전세보증금에 대한 가압류는 채권가압류로, 채무자의 전세보증금에 대한 임대인의 보증금반환 채무에 대해 가압류하는 것입니다. 이 경우, 전세계약서상 표시된 임대인을 '제3채무자'라고 합니다. 제3채무자는 '채무자의 채무자'라는 의미로, 가압류 중 채권가압류에만 등장하는 용어입니다.

② 부동산 가압류

가압류 신청 시 딱 2가지만 기억하면 됩니다. 피보전권리와 보전의 필요성입니다. 피보전권리란 보전받고자 하는 권리를 말합니다. 채무자의 채무불이행으로 인한 위약금과 채권원본 등 돈을 돌려받아야 하는 채권이 있음을 증명해야 합니다. 계약서 작성 시 위약금을 명확히 특정해서 채권원본과 위약금을 합산한 금액을 특정 일자까지 이행하겠다는 각서 형식으로 작성해둡니다. 그러면 계약서 공증을 받을 필요도 없고, 소송으로 갈 필요도 없습니다.

보전의 필요성은 가압류를 미리 해두지 않으면 추후 판결을 집행할 수 없거나, 집행이 매우 곤란해질 염려가 있어야 함을 의미합니다. 가압류 신청 시에 보전 필요성에 대해 전형적으로 쓰이는 문구를 예시하면 다음과 같습니다.

가압류 보전처분의 필요성에 대해 간략하게 예시하면,

첫 번째, 채권자가 알아본 바에 따르면 채무자는 본건 부동산 외에는 파악된 재산이 없고,

두 번째, 채권자의 면전에서 다음 날 돈을 주겠다며 이행각서를 작성하며 위기를 모면한 다음, 다음 날부터는 태도가 180도로 바뀌어 약정한 금액을 한 푼도 지급하지 않고 있으며,

세 번째, 채권자의 최고장 채무독촉에 아무런 응답이 없는 등 지급 의사가 전혀 없는 것으로 사료되어,

만약, 채무자의 유일한 재산으로 추정되는 별지 목록 기재 부동산을 가압류해두지 않으면 후일 본안 소송에서 승소 판결을 받아도 실효를 거두지 못할 우려가 있으므로 부득이 위 청구채권의 집행보전을 위해서 본 신청에 이른 것입니다.

채무자가 소유한 부동산을 반드시 확인해서 채무불이행에 대해 즉시 부동산 가압류를 활용할 것을 권합니다. 채무자의 전세계약서에 대해서는 임대인(소유자)을 제3채무자로 해서 계약서상 전세보증금에 대한 채권가압류를 활용하면 됩니다.

백날 소송하고 지지고 볶으면서, 돈 주고 변호사를 선임할 필요가 없습니다. 나를 지키는 것은 나이지, 돈 주고 선임한 변호사도, 훈수 두는 지인들도 아닙니다.

06

나 홀로 소송이
최선이다

지인이 중개사무소를 방문하셨습니다. 이분이 내용증명을 받았는데, 너무 놀라고 당황스러워 어찌할 줄을 모르겠다고 하십니다. 내용증명을 검토해보니, 막무가내식 협박성 편지였습니다. 밑도 끝도 없이 민형사상 책임을 묻겠다는 문구 글을 반복한 것이었습니다. 이런 내용으로 내용증명을 보내면, 협박죄가 성립할 수 있습니다. 그래서 내용증명을 보낼 때 문구를 가려서 조심히 해야 합니다. 이분은 경찰서에 출두하라는 출석 통지를 받고, 너무나 놀라서 황급히 변호사를 선임해서 경찰서에 출석했다고 합니다.

다시 말씀드리지만, 일반 개인들 간의 분쟁 사건 중 변호사를 선임할만한 사건은 3% 정도(100에 3, 4건)밖에 되지 않습니다. 나 홀로 소송이 최선입니다. 사실관계 입증, 법률 검토 등 일부 부족한 부분은 법무사로 대체하시면 됩니다.

이분에게 이전에 경찰서에서 출석하란다고 해서 덥석 그냥 출석하지 말고, 고소장 정보공개청구를 해서 고소장 내용을 우선 검토부터 하라고 했습니다. 그런데 경찰서에서 출석하라는 전화 한 통화에 그냥 멘탈이 나가버렸다고 합니다. 변호사 비용으로 착수금을 550만 원이나 주셨다고 합니다. 아마, 부가세를 포함해서일 것입니다. 변호사 착수금은 작년까지만 해도 400만 원 정도였던데, 500만 원으로 올랐나 봅니다. 답신할 내용증명을 대신 작성해서 지인분께 드리고 난 후, 느낀 점은 다음과 같습니다.

1. 고소장이 접수되었다고, 경찰서에서 출석 요구를 하면, 이렇게 답변하세요.
   "정보공개 청구해서 고소장 내용을 검토 후 전화하겠습니다."
2. 신체에 위해를 가한 물리적 폭력사건은 즉시 112에 신고해서 범죄 피해자로서 피해 상황과 현장 주변의 증거자료를 확보하세요.
3. 개인 간의 재산분쟁 혹은 금전적인 다툼이 있는 사안에 대해서는 변호사를 선임할 필요가 없다는 점을 기억하세요. 고소장, 민사 소장을 대행해줄 법무사에게 의뢰하시면 됩니다. 그러면 변호사 비용의 10분의 1로 대체 처리할 수 있습니다.

2015년 대법원에서 형사사건 성공보수에 대해서는 민법상 선량한 풍속 기타 사회질서 위반으로 무효라는 판례가 나온 이후, 변호사들이 착수금으로 성공보수까지 의뢰인에게 한 번에 일시금으로 다 교부받고 있습니다. 그런데 돈을 다 받은 변호사들은 일을 잘 하지 않습니다. 인간 본성이 돈을 다 받고 나면, 귀찮고 하기 싫을 수밖에 없는 게 당연합니다.

계약서를 작성하면서, 착수금은 계약금 조로 20%를 주고, 나머지는 사건 진행을 봐가면서 단계적으로 주는 것으로 협상하세요. 변호사들이 그러기 싫다고 한다면, 그냥 변호사 사무실을 나오시는 편이 낫습니다.

결론적으로 우선 나 홀로 소장을 접수하시고, 부족한 부분은 법무사로 대체하세요.

07

법률 분쟁과
변호사 선임 문제

대부분의 소시민들은 돈 문제로 다툼이 있을 때 어떻게 해야 할지 몰라 합니다. 제 블로그에 몇 차례 민형사 분쟁 관련 글을 올렸더니, 블로그를 보신 분들이 전화 또는 방문을 통해 자문하십니다.

오죽 답답했으면 전화하고, 방문까지 해주셨나 싶습니다. 들어보면 적기를 놓친 경우가 많아 참으로 안타까운 적이 종종 있습니다. 돈 관련 민형사 법률 분쟁 시 몇 가지 참고하실 부분을 말씀드리겠습니다.

첫째, 최우선 전제는 소 제기 당사자인 원고 고소인 진정인이 글로 그간 진행 상황에 대해 육하원칙에 따라 무조건 개조식 한 페이지로 요약할 수 있어야 합니다.

핵심이 빠진 두 페이지 넘어가는 중구난방 나열식의 글은 90% 패소합니다. 사건 진행 상황을 잘 요약해서 써야 합니다. 모든 송사는 자기 생각과 의사를 압축적인 글로 표현했을 때 가능합니다. 본인이 주장하는 바를 글로 제대로 전달하지 못하면 돈을 많이 주고 아무리 유명하고 뛰어난 변호사, 대형 법무법인에 사건을 의뢰하더라도 이기기 어렵습니다. 법률행위에 대해서는 백번 말로 이야기해봐야 아무런 효력이 없고, 소리만 요란한 꽹과리 소리에 불과합니다.

둘째, 돈을 안 주면 지급명령을 청구하세요.

계약서가 없다면 변제기한을 명시한 최고장을 보내세요. 대법원 전자소송에 들어가서 회원 가입을 하고 공인인증서를 등록하세요. 지급명령청구 전에 반드시 빌려준 돈을 돌려달라는 최고장 발송이 있어야 합니다. 최고장은 내용증명도 좋으나 시간적·장소적 여유가 없을 때는 카톡 메시지로 보내고, 수신이 확인되면 캡처해놓아서 증거자료로 첨부하시면 됩니다.

셋째, 국가, 지방자치단체와 소속 공무원이 피민원 대상자일 경우 국민신문고 민원(진정)을 제기하세요.

피민원 대상자가 공사나 법인일 경우, 국가기관 지자체의 관리·감독기관(감사원, 국토교통부, 담당구청)에 인터넷으로 간편하게 진정을 제기할 수 있고, 신속한 답변을 들을 수 있습니다. 국가기관 지자체의 관리 감독을 받는 회사(법인)일 경우, 어떤 형태로든 조치가 이루어집니다. 주의, 권고, 시정명령 등 행정명령뿐만 아니라, 형사 문제가 있을 시 수사기관에 고발할 수도 있습니다.

넷째, 나 홀로 하는 전자소송을 하세요.

2012년부터 전자소송이 도입되어 법원을 방문하지 않고, 소송서류를 인터넷으로 제출이 가능해졌습니다. 나 홀로 하는 소송은 바로 전자소송을 말하는 것입니다. 개인의 경우, 앞에서도 언급한 지급명령청구나 각종 소장 접수 시 전자소송으로 간편하게 제기할 수 있습니다. 전자소송 홈페이지에 회원가입을 한 후 공인인증서를 등록해서 각종 사건을 직접 작성해서 진행할 수 있습니다.

출처 : 대한민국 법원 전자소송

다섯째, 돈 문제와 관련해서는 유명 법무법인 변호사를 선임할 필요가 없습니다.

단체 집단소송이 아니면 변호사를 선임하지 말고, 직접 단독으로 소제기를 해보십시오. 가장 훌륭한 변호인은 다름 아닌 나 자신입니다. 일반 소시민들의 사건은 판사들이 신경 쓸 겨를이 없습니다. 그리고 판검사 전관예우 받는 것은 이제 거의 끝났다고 보시면 됩니다.

최근 부장판사로 옷 벗은 친구들 대부분이 훨씬 이전에 옷 벗고 나온 사법연수원 동기들이 운영하는 법무법인에서 월급을 받고 있습니다. 개인으로 개업 변호사를 하기에는 영업력 있는 사무장을 두지 않는 한 사무실 월세도 내기 벅찹니다. 조직이라는 온실 속에 있으며 월급 받다가 바깥세상에 나오면 천하의 전관예우 받는 변호사라도 예외가 없습니다. 이 거친 세상에서는 홀로서기가 되지 않으면 먹고살기가 만만치 않다는 방증입니다. 나이 들면 무조건, 홀로서기 해야 합니다.

부동산 소유권 없는 사람과는 돈거래 하지 마십시오. 돈과 관련해서 나 자신 외에 다른 이들과 함께 무엇을 하려고 하지 마십시오. 국가기관을 상대로 하는 소송 외에 돈과 관련해서 집단소송은 큰 의미가 없다는 것을 기억하십시오. 법적 다툼과 소송은 적용법조와 법률사실 한 구절에 결판이 납니다.

법적 송사 시 변호사를 선임하더라도 전적으로 기대지 말고, 크게 기대하지도 마십시오. 나 홀로 소송이 최선입니다.

08

돈 관련 분쟁과
가장 신속한 대응방안

돈과 관련된 법률 분쟁으로 상담을 요청하는 분들이 많습니다. 이미 변호사를 선임해서 착수금과 소송비용까지 다 지급한 상황인데, 변호사가 일을 하지 않고 나 몰라라 한다고 하소연합니다. 죄다 확인판결문을 들고 그게 무슨 대단한 문서인 양 착각합니다. 변호사가 돈을 다 받아주는 줄 알고 갔다가 나 몰라라 하니 판결문을 들고 와서 어찌해야 하냐고 합니다.

필자가 무슨 법조 브로커도 아니고, 채권추심을 대행하고 돈 받는 사람도 아닌데 자꾸만 변호사에게 돈을 또 주라고 말씀드리게 됩니다.

"판결문을 받는 돈만 주니 안 하는 것입니다. 추가로 돈을 받아내려면 확인판결문을 가지고 또 소송을 제기해야 하는데, 소 제기 착수금을 주지 않으면 변호사가 왜 움직입니까?"

변호사는 새로운 소를 제기할 때마다 착수금을 줘야 움직입니다. 이미 계산이 끝났는데 확인판결문은 사실관계 확인해준 것, 그 이상도 그이하도 아닙니다. 그냥 묻지도 따지지도 말고 애초부터 내 돈 내놓으라는 지급명령을 청구하세요. 돈 문제와 관련되어 불가피하게 제기하는 민사 소송은 초기에 신속히 집중적으로 대응해야 합니다.

다음 3가지를 기억해서 신속하게 대응하십시오.

첫째, 돈을 받아내려면 우선 소 제기 상대방에게 내가 돈을 주었고, 돈을 받아낼 채권이 있다는 사실을 입증해야 합니다. 서류 작성도 힘들면 카톡이나 문자 메시지로 돈 입금했고, 돈 언제까지 갚으라는 문구를 넣어 보내야 합니다. 카톡 메시지는 수신자가 내용을 확인하면 숫자가 사라지기에 내용증명을 대체하는 채권 확인 이행독촉 확인 문서로 법원에서 인정해줍니다.

둘째, 돈을 입금한 통장 거래명세서를 출력해서 입증서류를 첨부해서 전자소송으로 지급명령 청구합니다.

셋째, 지급명령 청구는 이행판결을 구하는 청구 소송이라 상대방이 기한 내 답변서를 제출하지 않으면 이행판결이 나고, 이행판결은 확정 즉시 돈을 바로 받을 수 있습니다.

판결문을 받아서 즉시 상대방 재산에 압류 등 강제집행이 들어갈 수 있습니다. 돈과 관련된 거래사항은 항상 문서로 특정해놓아야 후일 분쟁에 대비할 수 있습니다. 결론적으로 부동산 소유권이 없는 사람과는 돈거래를 하지 마세요.

지급명령을 청구해서 이행판결을 받아도 부동산 소유권이 없는 사람은 재산 명시를 신청하고 채무 불이행자에 등재해야 합니다. 부동산이 없으면 동산이나 유체동산이라도 압류를 걸어야 하는데, 아마도 또다시 돈을 주고 변호사를 선임해야 할 것입니다.

부동산 소유권이든 실물 재산이 없는 자와 돈거래를 하면, 돈을 받아내기는 어렵다는 것이 현재 대한민국의 냉정한 현실입니다.

공인중개사로 중개사무소를 개업해서 중개 거래한 부동산이 소유권 이전등기된 후 건물을 매수한 분에게 이름도 처음 보고, 전혀 모르는 변호사가 최고장을 보내왔다며 저에게 전화가 왔습니다. 사해행위 채권자 취소권을 행사하겠다고 적혀 있다고 합니다. 이게 무슨 말인지 가슴이 철렁 내려앉는다고, 어떻게 해야 할지 모르겠다고 하십니다.

문자로 받아보니, 제목만 최고장이고 내용증명이었습니다. 무시무시한 법률용어를 써대며 겁을 주는 것이었습니다. 그저 대법원 판례만 줄줄이 인용해서 채권가액은 특정도 하지 않았습니다. 돈 부치라는 내용만 없지, 그냥 돈 내라는 공갈 문서였습니다.

2010년대 초기, 블로그 글쓰기 붐이 일었을 때 디자인 폰트 무단 사용, 연예인 사진 사용 등을 법무법인들이 기타 저작권 관련으로 고소하겠다는 내용증명을 무작위로 보내서 돈 몇백만 원을 입금하면 합의 가능하다고 협박해대는 일들이 빈번하게 있었습니다.

일명 소송 장사하는 것이지요. 지금도 경기가 안 좋으니 상표권 관련으로 법무법인의 내용증명이 날아오고, 몇백만 원의 합의금을 요구하는 일이 성행하고 있더군요. 법을 모르고 처음 사업하는 분들이 대부분으로, 법무법인들 명의로 내용증명을 받으니 겁을 먹을 수밖에 없겠지요. 내용증명에 계좌번호를 넣어두고 입금하라는 것은 묻지도 따질 것도 없이 공갈입니다.

대다수 지식인 변호사분들은 수임료를 받고 법과 양심에 따라 행동합니다. 그러나 극히 일부의 사람들이 말도 안 되는 협박을 일상화해대며 몹시 곤궁하고 무지한 일반 소시민들을 괴롭히는 일도 있습니다. 대한민국의 정치권과 언론들도 매일반입니다.

법을 모르면 당하게 됩니다. 돈을 많이 벌고 출세해서 지위가 올라가고 나면 돈 몇 푼에 날뛰는 양아치 짓을 하는 자들이 있습니다. 법을 모르면 그냥 당하게 됩니다. 경찰서, 검찰청, 법원에 일반인들이 홀로 대응하기가 쉽지 않습니다. 혼자 고소장을 쓰고, 민사 소장, 나 홀로 소송을 제기하고 대응할 수 있는 사람들은 백에 한두 명입니다.

필자 역시 공무원으로 재직한 지 20년이 될 때까지, 부동산을 알기전에는 세상사 돌아가는 것에 무심했습니다. 부동산을 알고 난 뒤에야세상이 눈에 들어왔고, 부동산 공부를 한 뒤에서야 인생을 어떻게 살아야 할 것인가에 대해 진지하게 생각해보게 되었습니다.

그래서 책을 쓰기로 했습니다. 꼭 말씀드리고 싶은 것은 나이 50세가 넘어 인생 중후반기에 들면 홀로서기가 되어야 한다는 것입니다. 그러려면 법을 아셔야 합니다. 하이에나 양아치들에게 법을 몰라서 돈을 뜯기고 협박당하면서 살아서야 되겠습니까?

석가모니는 마지막 열반에 들기 전, "자등명 법등명(自燈明法燈明)"이라는 법문을 남겼습니다. 이 법문에는 평생을 두고 석가모니가 설파한 모든 것이 담겨 있습니다.

"나 자신을 등불로 삼아 법(진리)을 찾아 정진하라."
나 외의 어떤 누구에게도 의지하지 말고, 나 자신을 믿고, 나 자신을 의지하고, 나 자신을 법으로 삼으라는 말씀입니다. 인생은 일체계고(一切皆苦)라고, 인생사는 일체가 괴로움과 고통이라고 했으나, 필자가 보기에는 고를 잘못 해석했다고 봅니다.

필자가 보는 고는 외로울 고(孤)입니다. 한마디로 정의할 수 없는 불완전하고 불안정한 존재가 인간이라는 것입니다. 왜, 인간은 이리 불완전하고 미성숙하며 불안정한 존재로 살아갈 수밖에 없을까요? 그것은 모두가 내일은 한 번도 살아본 적도 없는 인생의 신입생이기 때문입니다.

괴로움과 외로움의 근본을 들여다보면, 남에게 나를 의지하고, 남에게 뭔가를 기대하고 집착하기 때문에 이로 인한 고통이 일어나는 것입니다. 외로움으로 인해서 불안하고 불안정한 존재이기에 인간이라는 깨달음을 이루기 전까지는 무리 지어 다니는 중생의 삶을 살 수밖에 없습니다. 그러면 죽음으로 소멸하는 그날까지 인생에서 홀로서기를 할수 없게 됩니다.

그래서 인생과 세상을 공부해서 깨우쳐야 합니다. 인생이란 결국 나자신이 사는 것입니다. 남에게 나 자신을 맞춰 사는 것이 아닙니다.

인생이란 혼자서 짊어지고 가는 외롭고 긴 여정이기에 나 자신을 믿고, 나 자신에게 기대고 의지하며 뚜벅뚜벅 나아가야 합니다. 그러다 보면 어느덧 홀로 우뚝 선 자신의 인생을 발견하게 될 것입니다.

인생 2막, 부동산으로 홀로서기

제1판 1쇄 2024년 3월 29일

지은이 조율(전우관)
펴낸이 한성주
펴낸곳 ㈜두드림미디어
책임편집 최윤경, 배성분
디자인 노경녀(nkn3383@naver.com)

㈜두드림미디어
등 록 2015년 3월 25일(제2022-000009호)
주 소 서울시 강서구 공항대로 219, 620호, 621호
전 화 02)333-3577
팩 스 02)6455-3477
이메일 dodreamedia@naver.com(원고 투고 및 출판 관련 문의)
카 페 https://cafe.naver.com/dodreamedia

ISBN 979-11-93210-59-8 (03320)